CONTABILIDADE *geral*

FUNDAMENTOS E PRÁTICAS

Maikol Nascimento Pinto
Selma Culturati Vasquez

Av. Dra. Ruth Cardoso, 7221, 1º Andar, Setor B
Pinheiros – São Paulo – SP – CEP: 05425-902

SAC | Dúvidas referentes a conteúdo editorial, material de apoio e reclamações: **sac.sets@somoseducacao.com.br**

Direção executiva Flávia Alves Bravin
Direção editorial Renata Pascual Müller
Gerência editorial Rita de Cássia S. Puoço
Editora de aquisições Rosana Ap. Alves dos Santos
Editoras Paula Hercy Cardoso Craveiro
Silvia Campos Ferreira
Assistente editorial Rafael Henrique Lima Fulanetti
Produtor editorial Laudemir Marinho dos Santos
Serviços editoriais Juliana Bojczuk Fermino
Kelli Priscila Pinto
Marília Cordeiro

Preparação Larissa Wostog Ono
Revisão Ana Paula Felippe
Projeto gráfico e Diagramação Tangente Design
Impressão e acabamento Forma Certa

DADOS INTERNACIONAIS DE CATALOGAÇÃO NA PUBLICAÇÃO (CIP)
ANGÉLICA ILACQUA CRB-8/7057

Pinto, Maikol Nascimento
Contabilidade geral : fundamentos e práticas / Maikol Nascimento Pinto, Selma Culturati Vasquez – São Paulo : Érica, 2019.
232 p.

Bibliografia
ISBN 978-85-365-3035-2

1. Contabilidade I. Título II. Vasquez, Selma Culturati

18-2151 CDD 657
CDU 657

Índices para catálogo sistemático:
1. Contabilidade

1ª edição
2ª tiragem 2020

CO 643572 CL 642015 CAE 646875

AGRADECIMENTOS

Agradecemos e dedicamos este livro aos nossos familiares e amigos que, com seu amor e por seu convívio, sempre têm nos ensinado os importantes valores da vida.

Ninguém ignora tudo.
Ninguém sabe tudo.
Todos nós sabemos alguma coisa.
Todos nós ignoramos alguma coisa.
Paulo Freire

SOBRE OS AUTORES

Maikol Nascimento Pinto[1] é doutorando em Educação pela Pontifícia Universidade Católica de Campinas (PUC-Camp), pedagogo, bacharel e mestre em Administração pela Pontifícia Universidade Católica de São Paulo (PUC-SP). Especialista em Docência no Ensino Superior e Gestão Empreendedora pelo Centro Universitário SENAC. Possui Licenciatura Plena em Sociologia e Administração pela Fatec-SP. Atualmente, coordena o curso de pós-graduação em Negócios da Moda: Gestão de Marca e Coleção no SENAC Lapa Faustolo e é professor nos níveis Técnico e Superior do Eixo de Gestão e Negócios no Centro Paula Souza, no qual já atuou como coordenador de Projetos na Vice-Superintendência, além de ter coordenado os cursos técnicos em Administração e Marketing na mesma instituição. Trabalhou como tutor de Ensino a Distância na Universidade Virtual do Estado de São Paulo (Univesp) e Analista de Controladoria na Fundação São Paulo.

Selma Culturati Vasquez[2] é economista pela Fundação Armando Álvares Penteado (FAAP) e mestre em Administração pela Pontifícia Universidade Católica de São Paulo (PUC-SP), com foco de pesquisa em estratégia e inovação, nos temas consumo, bem-estar (felicidade) e criação de valor compartilhado. Tem MBA em Tecnologia da Educação pela FAAP. Desde 1985, atua na área de Finanças e Negócios, como professora de Contabilidade nos cursos de graduação, pós-graduação e extensão de diversas instituições, como FAAP, FMU, FIA e SENAC, Consultora empresarial, professora e palestrante em Finanças Pessoais e Educação Financeira pessoal e corporativa. Coordenadora de área educacional corporativa, com experiência em organização de eventos voltados ao treinamento técnico para os públicos infantil, jovem e adulto. Experiência em governança corporativa e área de qualidade. Foi auditora independente na Coopers & Lybrand Auditores Independentes (atual PWC).

Lattes: <http://lattes.cnpq.br/1163442466845255>

1 Contato: <maiknp@hotmail.com>.

2 Contato: <selmacont@hotmail.com>.

SUMÁRIO

PREFÁCIO

A Contabilidade é uma das áreas do conhecimento humano que ampliou muito sua importância no âmbito acadêmico e no mundo corporativo. Não é necessário retornar aos idos de Luca Pacioli, antológico frade e matemático italiano, precursor do princípio das partidas dobradas; um breve retrospecto de três ou quatro décadas é suficiente para evidenciar esse ganho de importância.

O aumento da competitividade entre as empresas de todos os segmentos produtivos e a descoberta de métodos e técnicas gerenciais progressivamente mais sofisticados têm colocado o gestor diante de cenários em que precisa decidir em intervalos de tempo cada vez mais curtos e com margens de tolerância a erros cada vez menores. São circunstâncias em que estão em risco os destinos de um projeto ou de toda uma empresa e o futuro profissional do gestor. Por isso, é inteligente que as decisões sejam embasadas por dados produzidos pelo próprio agente econômico - empresa ou outro tipo de organização - sobre o qual recairá o resultado de uma decisão gerencial.

A palavra de ordem para isso se chama "confiabilidade". Os cenários construídos e as estratégias concebidas para formulação dos planos de longo prazo constituem a vertente principal dos atos e dos fatos administrativos, nas instâncias operacionais, que se transformarão nos números que haverão de servir de base para controle e decisão gerencial. Esses números que serão a base para o controle da empresa em toda sua estrutura de governança deverão ter sua confiabilidade assegurada por um sistema contábil que vá muito além do simples registro numérico e permita operacionalizar, aprimorar e fortalecer o processo de planejamentos estratégico e operacional, com corretos indicadores de desempenho.

Com toda a tecnologia da informação à disposição, para auxiliar na agilidade e na segurança do tratamento dos números, é crescente a exigência por maior qualidade dos profissionais de Contabilidade e Finanças, para que reúnam percepções mais amplas de todo o ecossistema da empresa. Isso eleva a responsabilidade das escolas de Contabilidade e de Administração em relação aos seus egressos, tanto em nível de graduação como em nível da educação executiva, em que os profissionais precisam aprimorar e aprofundar suas capacitações técnicas e ampliar suas habilidades gerenciais como líderes.

Nesse sentido, estão de parabéns a professora Selma Culturati Vasquez e o professor Maikol Nascimento Pinto pela feliz iniciativa de trazerem ao nosso alcance este livro *Contabilidade Geral - Fundamentos e Práticas.* Um trabalho acadêmico-profissional na fronteira do conhecimento, em termos conceituais, e com uma abordagem prática estimuladora à leitura e facilitadora do aprendizado. Sem dúvida, uma importante contribuição para os colegas professores de Contabilidade e Finanças para as instituições de ensino, para o mundo corporativo e, finalmente, para todos que tenham oportunidade de acesso a essa importante realização dos nobres colegas professores.

Prof. Dr. Almir Ferreira de Sousa
Professor associado sênior - FEA/USP
Coordenador do Programa de Capacitação da Empresa em Desenvolvimento (ProCED)
Conselho Curador da Fundação Instituto de Administração (FIA)

APRESENTAÇÃO

É com grande prazer que apresentamos o livro *Contabilidade Geral - Fundamentos e Práticas*, destinados àqueles que estão no início do seu aprendizado em Finanças.

Abordamos nesta obra os principais assuntos da Contabilidade para quem está começando seus estudos neste tema. À medida que seu curso e seus estudos forem avançando, novas temáticas serão abordadas com maior profundidade também. Mas, mesmo sendo um livro inicial, quisemos tratar essa disciplina o mais próximo possível da realidade empresarial, tanto em relação aos negócios quanto no que diz respeito à atualização da legislação contábil em vigor.

Em cada capítulo, discorremos sobre os fundamentos do assunto em pauta, apresentamos exemplos práticos, perguntas e reflexões, curiosidades, exercícios de fixação, um resumo do capítulo e um *checklist* de aprendizagem. Depois de todas essas etapas cumpridas, convidamos você a leituras adicionais.

Nesta fase da construção do seu conhecimento, você passa a ser o grande protagonista do seu aprendizado. É imprescindível para o conhecimento uma atitude ativa por parte do aprendiz. E é por esse motivo que incentivamos a pesquisa adicional ao livro. Dessa forma, indicamos por meio de links alguns artigos científicos que tratam do assunto de cada capítulo, bem como apresentamos demonstrações financeiras publicadas por empresas que estão atuantes no mercado.

Gostaríamos de enfatizar a importância do vínculo entre a academia e a prática, pois essa união, que representa a pesquisa de mãos dadas com a prática empresarial real, é vital para a construção deste novo saber.

Por tudo isso, esperamos que você seja seu grande empreendedor, para que construa uma carreira de sucesso, tanto como empresário quanto como futuro executivo de empresa, ou, ainda, outra atividade empresarial que queira desenvolver.

E, mais que tudo, que você seja feliz com as suas escolhas e com o caminho que está iniciando nesta fase da sua vida!

Os autores

A CONTABILIDADE PARA A EMPRESA E PARA O EMPREENDEDOR

Neste capítulo, você...

... aprenderá quem são os principais usuários da Contabilidade e como ela pode ser útil em diversas situações e olhares.

No final do capítulo, você...

... conhecerá quais são os principais relatórios que podem ser extraídos da Contabilidade, tanto os exigidos pela legislação atual quanto os que dão apoio à gerência dos negócios.

O QUE É CONTABILIDADE?

Atualmente, a Contabilidade é vista como uma tarefa delegada a todos que participam da empresa e, portanto, de seus negócios, direta ou indiretamente. Não é mais uma atribuição única do contador.

O contador é o organizador de todas as informações que vêm para ele, de cada área e departamento da companhia.

É uma metodologia de registro e apresentação de valores formados por todas as movimentações que ocorrem dentro da empresa.

APOIO LEGAL

No final da década de 1970, com a Lei nº 6.404/1976, foi dado um grande passo para a Contabilidade, pois foi efetivamente determinada a sua independência da legislação tributária.

Isso não quer dizer que não seja necessário atender à legislação tributária, mas, de fato, permite que alguns fatos contábeis espelhem com maior fidedignidade a realidade contábil da empresa e do seu resultado do ano. Quanto à legislação tributária, a empresa obviamente fará os ajustes necessários para cumprir todas as suas obrigações para com o Fisco.

A Lei nº 6.404/1976 também passou a ser um norte à contabilização dos fatos contábeis para todas as empresas, não valendo apenas para as sociedades anônimas. E assim foi, mesmo que recebendo ajustes ao longo do tempo, até 2007.

Com a evolução dos negócios e de novos formatos de atividades e funcionamento dos mercados, novos ajustes foram necessários para adaptar a lei nesse período de

30 anos entre uma lei e outra. Por esse motivo, foi preciso fazer uma atualização mais completa no entendimento sobre alguns valores e operações e sua consequente forma de registrar os eventos contábeis. Assim, duas leis, a Lei nº 11.638/2007, complementada pela Lei nº 11.941/2009, vieram para cumprir essa tarefa.

Além dessas leis, foi criado em 2005 o Comitê de Pronunciamentos Contábeis (CPC), que passou a emitir os pronunciamentos acerca dos entendimentos e regulamentações do uso das regras contábeis brasileiras e de sua adaptação e convergência às regras internacionais. Esses pronunciamentos, que normatizam a convergência da nossa Contabilidade às normas contábeis internacionais são chamados de CPCs nº "X" (atualmente, vão do CPC nº 1 ao nº 49 e mais um pronunciamento específico destinado às PMEs), e cada um está relacionado a algum tipo de ajuste ou entendimento para a Contabilidade, conforme o International Accounting Standards Board (IASB), que, por sua vez, é uma organização internacional que tem por objetivo publicar e manter a atualização das normas contábeis internacionais - a *International Financial Reporting Standards* (IFRS), que são as normas internacionais emitidas em língua inglesa.

Mas tudo isso acabou parecendo uma sopa de letrinhas, não é mesmo? Não se preocupe. A seguir, um breve resumo:

- Lei nº 11.638/2007, complementada pela Lei nº 11.941/2009: atual lei que regulamenta a Contabilidade brasileira.
- CPCs: fazem a convergência da nossa Contabilidade às regras internacionais. Esses pronunciamentos são emitidos pelo próprio Comitê de Pronunciamentos Contábeis (CPC).
- *International Financial Reporting Standards* (IFRS): normas emitidas pelo International Accounting Standards Board (IASB), organização internacional responsável pela regulamentação e pelo entendimento sobre a Contabilidade internacional.

Consulte a lista completa dos Pronunciamentos Contábeis (CPCs) no site do próprio Comitê, através do seguinte link: <https://goo.gl/9xUUMs>. Acesso em: 5 nov. 2018.

USUÁRIOS DA CONTABILIDADE

A Contabilidade emite diversos relatórios, como veremos a seguir, e estes atendem também a diferentes usuários. Os principais usuários da contabilidade são os próprios administradores e gestores internos à companhia, sócios ou acionistas, funcionários, entidades financeiras (bancos e prestadores de serviços financeiros), clientes, fornecedores, governo, concorrência e público em geral. Ou seja, os chamados *stakeholders* ou partes interessadas.

Por esse motivo, a Contabilidade sempre estará registrada conforme as normas que expusemos anteriormente, para que seus valores e resultados permitam a comparabilidade entre os diversos períodos que podem ser analisados, assim como também para que seja possível a comparação entre os números e relatórios divulgados pela empresa em comparação com o de outras companhias, concorrentes entre si ou não.

RELATÓRIOS EMITIDOS PELA CONTABILIDADE

Porte: tamanho.

Dependendo do porte da empresa e do formato de sua constituição jurídica (Sociedade Anônima de capital aberto, fechado, limitada, microempresa etc.), haverá diferentes exigências para divulgação dos relatórios contábeis.

Para as empresas mais complexas, que demandam maior número de relatórios, quando da divulgação de seus números, resultados e atividades, são detalhados a seguir os relatórios exigidos.

1.4.1 Relatório da administração

Este traz um relatório das principais atividades desenvolvidas ao longo do ano que está encerrado, estratégias utilizadas e planos futuros, como perspectivas de crescimento e outras informações pertinentes ao corpo de administração do negócio.

Cabe lembrar que cada vez mais as questões ligadas à transparência de informações e às boas práticas de governança das companhias são requeridas e valorizadas pelo mercado e pela sociedade em geral.

1.4.2 Demonstrações e relatórios contábeis

Com base no registro das operações que a empresa realiza e que têm efeito financeiro/contábil, são gerados diversos relatórios contábeis que trazem informações complementares e que permitem ao seu leitor melhor compreensão dos negócios e atividades realizados pela companhia em um determinado período. É possível dizer que formam o "kit" de publicação e/ou divulgação que as empresas realizam a cada ano. Veja a seguir o detalhamento de cada um deles.

#FICA DICA

Para acessar esses relatórios, entre nos sites das companhias e, no final das respectivas páginas, há um link para "RI" (Relações com Investidores) ou "Investidores". Clique nesta subpágina e busque as demonstrações financeiras do ano selecionado. Você terá alcance a todas as demonstrações que mencionamos nesta seção, bem como aos relatórios complementares que essas empresas publicarem no conjunto de cada período.

Ativos: bens e direitos.
Passivo: obrigações para com terceiros.
Patrimônio líquido: obrigações da empresa para com seus proprietários.

1.4.2.1 Balanço Patrimonial

É a demonstração que informa quais são os ativos à disposição da empresa, para que ela exerça suas atividades, bem como a origem desses valores formados por duas vias, o passivo e o patrimônio líquido.

Veremos essa demonstração com bastantes detalhes ao longo do livro.

Sua apresentação é feita de acordo com o seguinte padrão:

BALANÇO PATRIMONIAL	
Ativo[1]	Passivo
	Patrimônio líquido
Total	Total

1 Ativos = passivos + patrimônio líquido

Estes três grupos de contas são subdivididos em:

BALANÇO PATRIMONIAL	
Ativo	**Passivo**
Ativo circulante	Passivo circulante
Ativo não circulante	Passivo não circulante
Realizável a longo prazo	Patrimônio líquido
Investimentos	Capital social
Imobilizado	Reservas de capital
Intangível	Ajustes de avaliação patrimonial Reservas de lucros (Ações em Tesouraria) Prejuízos acumulados
Total	Total

Fonte: Martins, Gelbke, Santos e Iudicibus, 2013.

1.4.2.2 Demonstração de Resultados do Exercício (DRE)

Esta é a demonstração que tem por objetivo calcular o lucro ou o prejuízo de um determinado período. É a demonstração que compara os ganhos (receitas) e os gastos (custos e despesas) para realizar a apuração do resultado que transitará no patrimônio líquido da empresa neste período. Este assunto será explicado no Capítulo 3.

1.4.2.3 Demonstração dos Resultados Abrangentes (DRA)

Engloba as demais alterações já efetuadas no patrimônio, mas ainda não realizadas, como os ajustes de avaliação patrimonial, que poderão afetá-lo futuramente e serão apresentadas na Demonstração dos Resultados Abrangentes.

1.4.2.4 Demonstração do Fluxo de Caixa (DFC)

Esta é uma demonstração que identifica fatos geradores e consumidores do caixa da companhia, por três diferentes tipos de atividade: operacionais, investimentos e financiamentos. Este assunto será explicado no Capítulo 10.

1.4.2.5 Demonstração do Valor Adicionado (DVA)

Esta demonstração identifica a riqueza gerada pela companhia e como foi feita sua distribuição entre seus *stakeholders*.

Apenas a título de curiosidade, se somássemos todas as DVAs de todas as empresas de um país, chegaríamos ao cálculo do seu Produto Interno Bruto (PIB).

1.4.2.6 Demonstração das Mutações do Patrimônio Líquido (DMPL)

Nesta demonstração, é possível analisar as movimentações que aconteceram especificamente no patrimônio líquido, que é a área que mostra o quanto a empresa obteve de capital proveniente de seus proprietários, e as demais movimentações que contribuíram para a sua formação total, como lucros ou prejuízos, aumentos de capital, criação de reservas e outras contas que podem alterar os valores apresentados no patrimônio líquido do balanço, quando da publicação das demonstrações financeiras da empresa.

1.4.2.7 Notas explicativas às demonstrações financeiras

São as explicações e os detalhamentos dos saldos apresentados nas demonstrações publicadas pela empresa. Para a perfeita compreensão das demonstrações publicadas e/ou divulgadas, é um relatório de vital importância.

1.4.2.8 Pareceres do conselho fiscal e do comitê de auditoria

Embora não sejam exigidos por lei, corroboram para a manutenção da qualidade das informações apresentadas pelas demonstrações financeiras.

1.4.2.9 Relatórios dos auditores independentes

Nesses relatórios são citados os fatos que foram analisados, e, com base nas análises documentais e de procedimentos da empresa, permitem que os auditores emitam sua opinião sobre a veracidade e acuidade dos números apresentados nas demonstrações financeiras da empresa.

1.4.2.10 Balanço social

É uma demonstração não obrigatória para a empresa, mas que tem sido cada vez mais realizada. Surgiu na França na década de 1970 e até hoje no Brasil pode ser apresentada de forma espontânea. Ela revela o impacto social das ações da empresa junto a sua comunidade e suas partes interessadas. Várias empresas fazem sua divulgação nos relatórios de encerramento de cada período. Podemos recomendar alguns relatórios para sua leitura, como os das empresas Natura, Petrobras, Fleury[2], entre outras.

#CURIOSIDADE

Os times de futebol também publicam seus balanços. Acesse o site do seu clube do coração, caso seja um torcedor, e procure as demonstrações financeiras do ano anterior.

#ESTUDE MAIS

- ANTUNES, Maria Thereza Pompa *et al.* A adoção no Brasil das normas internacionais de contabilidade IFRS: o processo e seus impactos na qualidade da informação contábil. **Revista de Economia e Relações Internacionais**, v. 10, n. 20, p. 5-19, 2012.
- FREITAS, Matheus Brasil. **Informações contábeis e financeiras em microempresas:** a visão de gestores da indústria de confecção em Sant'Ana do Livramento. Trabalho de conclusão de curso em Administração pela Unipampa. Santana do Livramento: Unipampa, 2017.

2 Não há, por parte dos autores, interesse em divulgar tais empresas, senão como exemplo de balanços sociais bem elaborados, adequados à compreensão do leitor.

- Os sites sugeridos para sua constante pesquisa e atualização sobre Contabilidade são os dos seguintes órgãos e empresas:

  Instituto dos Auditores Independentes do Brasil (IBRACON); Conselho Federal de Contabilidade (CFC); Conselho Regional de Contabilidade (CRC); empresas de auditoria, como PWC, EY, Deloitte e KPMG (conhecidas como as *Big Four*), entre outras. Há uma grande quantidade de boas fontes de pesquisa, que deixamos à sua livre escolha, caso opte por outros sites além desses que recomendamos.

#RECORDAR

Neste capítulo, você viu quem são os principais usuários da Contabilidade, os órgãos que regulamentam as regras e as normas contábeis. Viu também quais são as demonstrações financeiras que uma empresa precisa elaborar e a atual necessidade de a empresa adequar os valores que ela apresenta, o mais próximo possível da realidade.

#NA PRÁTICA

Veja um exemplo de uma loja de departamentos, cujas demonstrações financeiras foram publicadas em 2018, referentes ao ano de 2017, no site:

<https://goo.gl/7v4a3d>. Acesso em: 29 out. 2018.

Repare que, além das demonstrações numéricas, a empresa também emite uma série de relatórios que auxiliam o leitor a compreender melhor a evolução das contas de um ano para o outro, além das estratégias adotadas pela companhia em análise. Leia as notas explicativas às demonstrações financeiras, bem como os demais relatórios quando quiser, de fato, compreender os números da empresa em sua totalidade.

Você encontrará as demonstrações sobre as quais falamos neste capítulo. E, para completar sua compreensão, lembre-se de ler as notas explicativas indicadas ao lado das contas apresentadas nessa publicação.

Boa leitura!

1 Os pronunciamentos contábeis, conhecidos como CPCs são:

a) Regras para a contabilização dos eventos da empresa, que serão apresentados em suas demonstrações financeiras.

b) Regras para a contabilização apenas do Balanço Patrimonial.

c) Determina que a contabilidade entre as empresas do mesmo grupo seja independente e permite a apresentação voluntária das demonstrações financeiras para quaisquer empresas.

d) Regras para a contabilização da DRE e das notas explicativas.

e) Todas as respostas estão corretas.

2 Qual é a função do IASB?

a) É uma organização internacional que tem por finalidade emitir os pronunciamentos contábeis internacionais, conhecidos como IFRS.

b) É uma organização criada pela CVM para traduzir os IRFS para nossa contabilidade.

c) É uma organização europeia criada para organizar a contabilidade nacional e internacional de diversos países do mercado comum europeu.

d) É uma organização criada pelo Banco Central do Brasil para traduzir os IRFS para nossa contabilidade.

e) As respostas a e c estão conjuntamente corretas.

3 A contabilidade passou a ser mais independente da legislação do imposto de renda com:

a) A Lei nº 6.404/1976.

b) A Lei nº 11.638/2007.

c) A Lei nº 11.941/2009.

d) A Lei nº 1.598/1977.

e) Nenhuma lei consegue separar a Contabilidade da legislação do imposto de renda.

4 O Balanço Patrimonial é apresentado da seguinte forma:

a) Ativos mostrando dívidas e direitos ativos, e passivo mostrando bens que foram adquiridos com o dinheiro dos sócios.

b) Sócios no ativo no lado direito do balanço, e o restante da empresa no passivo e no patrimônio líquido no lado esquerdo do balanço.

c) Ativo no lado esquerdo da tabela, e passivo e patrimônio líquido no lado direito da tabela.

d) Sócios e dívidas no lado direito, e bens no lado esquerdo do balanço.

e) É uma demonstração que esclarece como o lucro da empresa foi calculado.

5 O relatório de administração mostra:

a) Como o parecer dos auditores impactará os resultados deste ano.

b) Como a empresa vai recolher todos os impostos devidos do ano anterior.

c) Qual foi o lucro por ação que será distribuído aos funcionários da companhia.

d) Quais foram os departamentos da produção responsáveis pela eficiência obtida nos resultados do ano que passou.

e) Quais foram as estratégias e os negócios realizados pela empresa no período e quais são suas expectativas com relação ao futuro.

Agora que passou por essa etapa, vamos em frente! Você verá no próximo capítulo como contabilizar os valores que a empresa movimentou em cada operação que ela realizou. Muito em breve, já saberá como "fechar" um balanço.

ESTÁTICA PATRIMONIAL

Neste capítulo, você...

... entenderá que o Balanço Patrimonial é a demonstração "carro-chefe" das demais, uma vez que mostra a empresa em sua totalidade, apresenta o que a empresa tem e como ela conseguiu o que tem. Ainda aprenderá a ler um Balanço Patrimonial e compreenderá como as fontes de financiamento de um negócio se organizam em bens e direitos, que ficam à disposição do empreendimento, para que as suas atividades sejam desempenhadas.

Este capítulo será de fundamental importância para que compreenda o mecanismo básico contábil, que é feito com base no modelo "causa e efeito", pois o Balanço Patrimonial sempre apresentará os valores que a empresa tem na data de sua divulgação e como ela conseguiu obtê-los.

No final do capítulo, você...

... estará apto a montar e ler um Balanço Patrimonial para cada nova transação com reflexo financeiro que a empresa faça. Entenderá como cada área e cada operação impactam os bens e direitos da companhia, bem como qual é a origem e o efeito patrimonial desses valores.

2.1 FUNDAMENTOS DOS CICLOS FUNCIONAIS

A contabilidade de uma empresa é traduzida pelas demonstrações financeiras que ela divulga, como bem vimos no Capítulo 1. Essas demonstrações financeiras são o reflexo das operações que ela desenvolve ao longo de um período. Essas operações são realizadas por todos os departamentos que integram o negócio e são agrupadas de acordo com sua natureza e semelhança. Cada grupo de atividades pode ser chamado de ciclo funcional.

Acompanhe a seguir o que cada ciclo funcional faz e quais são as contas e operações relacionadas a eles. Você poderá, na sequência, acompanhar como esses valores serão traduzidos pela contabilidade da companhia.

2.1.1 Ciclos funcionais

Para se chegar às demonstrações financeiras de uma empresa, deve-se compreender a integração dos seus ciclos de atividades, chamados ciclos funcionais.

Os ciclos funcionais de um negócio abrangem as operações semelhantes em função ou natureza. Eles representam as atividades que os departamentos desempenham com um objetivo específico. Ou seja, são pessoas e recursos compostos por bens e equipamentos, dirigidos para fazer uma tarefa, com o objetivo de contribuir para o bom funcionamento da empresa como um todo. Das transações realizadas em cada ciclo, são realizados negócios que estarão traduzidos pelos valores que são apresentados nas demonstrações financeiras, com especial atenção neste capítulo voltada ao Balanço Patrimonial.

Estes ciclos podem ser divididos em três atividades fundamentais e complementares entre si:

a) ciclo de compras.

b) ciclo de produção.

c) ciclo de vendas.

Eles são organizados e comandados pelo ciclo não funcional relativo à administração das atividades desenvolvidas pela empresa.

Para exemplificar, podemos imaginar uma empresa que apresente a seguinte divisão:

Administração Ciclo não funcional Abrange os departamentos de Contabilidade, Jurídico, Recursos Humanos, Controladoria, entre outros.		
Compras Ciclo de entradas	**Produção** Ciclo de transformação	**Vendas** Ciclo de saídas

2.1.1.1 Ciclo de compras ou de entradas

Atende ao processo de aquisição dos itens que serão destinados à produção dos bens ou dos serviços que a empresa oferecerá a seus clientes.

Vale dizer que a contratação das pessoas relativas à mão de obra produtiva ou operacional desta companhia, bem como a compra dos bens e de meios de produção (maquinário e demais equipamentos) que farão parte do produto ou serviço, serão consideradas entradas. Comporão parte dos bens e direitos destinados ao desenvolvimento das atividades da empresa e, como reflexo, serão associadas a algumas dívidas geradas por essas compras, apresentadas numa área do Balanço Patrimonial, que será apresentada mais adiante, chamada Passivo, que é a área do Balanço Patrimonial que mostra as contas a pagar da entidade.

#EXEMPLO PRÁTICO

Uma loja quer comprar mercadorias para seu estoque.

Para isso, seu departamento de compras entrará em contato com os fornecedores para negociar o preço, o prazo de recebimento destas mercadorias e o de pagamento da compra. Assim, digamos que a compra seja de 1.000 camisetas ao custo total de R$ 10.000,00, a serem recebidas em 2 dias e pagas dentro de 30 dias. Como a contabilidade apresenta essa operação?

a) No dia do pedido, não há contabilização, pois a mercadoria ainda não foi recebida e o dinheiro da empresa tampouco foi desembolsado (lembremos que o pagamento será a prazo).

b) No dia do recebimento da mercadoria, entra o valor de R$ 10.000,00 referente a essa compra como estoque da empresa e o mesmo valor de R$ 10.000,00 como uma dívida a pagar aos fornecedores que lhe fizeram a entrega.

Na Contabilidade, sempre haverá uma dupla informação, mostrando de onde veio o valor a ser contabilizado e como ele foi utilizado.

No exemplo, a origem da operação foi o crédito obtido junto ao fornecedor das camisetas, e a utilização destas foi o estoque que passou a incorporar o ativo da empresa.

#IMPORTANTE

Repare que a Contabilidade só registra os fatos que têm impacto financeiro, pois traduz as operações realizadas pelo negócio em moeda.

Atividades não mensuráveis em moeda não são contabilizadas. Por exemplo, uma visita de cortesia de um fornecedor ou a um cliente que não gerou negócio ou qualquer tipo de despesa não será contabilizada.

2.1.1.2 Ciclo de produção ou de transformação

Neste ciclo, ocorre a junção dos bens e direitos disponíveis para criar o produto da empresa. As matérias-primas e a mão de obra se juntarão aos equipamentos e à tecnologia produtivos, e a empresa terá o que ela poderá denominar de produto acabado ou de estoque pronto para ser vendido.

Tudo que incorpora o produto será contabilizado como valor desse estoque de produto pronto para ser vendido, até o momento em que o mesmo for entregue para o comprador. É nesse momento que ocorre a venda do produto, ou seja, quando a empresa contabilizará a saída do bem como custo do produto vendido e o recebimento da venda, ou as contas a receber em virtude dessa venda, que representarão o ganho realizado na transação.

2.1.1.3 Ciclo de vendas

Conforme afirmado anteriormente, este ciclo pode ser considerado a finalização do processo operacional do negócio, pois é por meio dele que a empresa entregará o produto ao seu cliente e, ao mesmo tempo, formará uma carteira de contas a receber.

Essas contas a receber, quando concretizadas e recebidas, vão incorporar o caixa da empresa, gerando por consequência a capacidade de saldar as dívidas e os compromissos assumidos pela companhia, mantendo sua saúde financeira no curto prazo, para também garantir a chance de crescimento a longo prazo. Sobre prazos, falaremos no próximo capítulo. Agora, vamos nos ater à compreensão dos bens e direitos e de suas origens na elaboração do Balanço Patrimonial.

FUNDAMENTOS DA VISÃO ESTÁTICA PATRIMONIAL (BALANÇO PATRIMONIAL)

O Balanço Patrimonial é a demonstração financeira apresentada ao final de um período contábil (normalmente um ano) que exibe uma planilha com dois relatórios que se complementam, pois em seu lado esquerdo é possível ler o relatório sobre os bens e direitos que a empresa tem, enquanto em seu lado direito será possível identificar com quem ela obteve esses bens e direitos que são apresentados nessa demonstração.

A seguir, apresentamos um Balanço Patrimonial para a compreensão da leitura:

BALANÇO PATRIMONIAL DA BELA ROUPA UNIFORMES FINDO EM 31/12/2017			
Ativo		**Passivo**	
Caixa	1.000	Fornecedores a pagar	1.000
Contas a receber	1.000	Empréstimos a pagar	1.000
Estoques	1.000	**Patrimônio líquido**	
Máquinas	1.000	Capital social	1.500
		Reserva de lucro	500
Total	**4.000**	**Total**	**4.000**

Por meio da leitura desse Balanço Patrimonial, reflita sobre quais informações a respeito dos negócios da empresa Bela Roupa Uniformes tivemos acesso.

Repare que nas contas apresentadas no Balanço Patrimonial anterior você teve acesso às seguintes informações:

ATIVO	PASSIVO + PATRIMÔNIO LÍQUIDO
Ativo	**Passivo**
Bens e Direitos	Capital de Terceiros
Valores à disposição da empresa, para ela desempenhe suas atividades	**Contas a pagar**
	Patrimônio líquido
Obs: Estes valores foram formados pelos créditos obtidos juntos aos passivos e ao patrimônio liquido.	Capital Próprio Investimentos dos sócios
A = P + PL	

No lado esquerdo, que é o lado do Ativo, podemos identificar os bens e direitos que a empresa tem, bem como o valor de cada um desses bens e direitos.

Vale ressaltar que a contabilidade exibe valores em todas as suas demonstrações financeiras, e não quantidades de bens, direitos ou obrigações.

No lado direito, que é composto pelo Passivo e pelo Patrimônio Líquido, temos a lista de pessoas físicas e jurídicas que acreditaram na empresa e, portanto, concederam algum valor para que essa empresa pudesse formar seus bens e direitos, destinados ao desenvolvimento de suas atividades.

#RESUMO

A empresa só tem os bens e direitos que apresenta nos Ativos, na medida em que obtém seus valores por duas fontes de financiamento distintas e complementares, compostas pelo Passivo, que representa suas contas a pagar, e pelo Patrimônio Líquido, que representa o volume de investimento realizado no empreendimento por parte de seus proprietários.

#EXEMPLO PRÁTICO

Suponhamos que cinco amigos desejam abrir uma empresa, por exemplo, um restaurante. Eles sabem que para isso precisarão alugar um imóvel que comporte o formato do empreendimento. Além disso, precisarão ter equipamentos para cozinhar e servir os pratos, e, ainda, obviamente, estoques de alimentos e bebidas.

Digamos o montante necessário para iniciar o negócio seja equivalente a R$ 100.000,00. Esses amigos vão juntar o dinheiro necessário para iniciar o empreendimento. No entanto, cada um tem apenas R$ 16.000,00. Portanto, somando o que todos têm, chegamos a R$ 80.000,00.

É claro que poderão financiar muitas coisas de que precisam, como a compra de móveis e equipamentos, utensílios e até alguns estoques. É aí que entra o Passivo, representando o capital de terceiros, pois, com esse dinheiro complementar que esses amigos obterão das contas a pagar, poderão compor o valor que realmente precisam para montar o novo empreendimento.

Vamos ver o que aconteceu?

Contrato social: Certidão de nascimento da empresa.

a) No dia em que resolveram iniciar o negócio, fizeram o contrato social para selar o acordo entre eles. Nesse documento, afirmaram que entregarão à empresa R$ 16.000,00 cada um, sendo R$ 10.000,00 na data do contrato e R$ 6.000,00 após 7 dias do início da empresa. E veja que interessante... Já temos um Balanço Patrimonial a mostrar.

BALANÇO PATRIMONIAL - RESTAURANTE BOA REFEIÇÃO			
Ativo		**Passivo**	
Caixa	50.000	-	-
		Patrimônio líquido	
		Capital social	80.000
		Capital a integralizar	(30.000)
Total	**50.000**	**Total**	**50.000**

Deste balanço, no lado esquerdo, vemos que a empresa já tem R$ 50.000,00 em caixa à sua disposição para iniciar o negócio; e, no lado direito, podemos identificar que os sócios se comprometeram a entregar R$ 80.000,00 (veja a conta de capital social) para a empresa, mas que, no entanto, neste momento, entregaram apenas R$ 50.000,00 (que é a diferença entre a conta de capital social e a do capital a integralizar - valor que ainda não foi entregue à empresa por parte dos sócios).

Então, de um lado (o esquerdo), lemos o que a empresa tem; e, do outro lado (o direito), o quanto e para quem ela deve (terceiros e acionistas).

Os bens e direitos apresentados como Ativos de uma empresa equivalem à soma de suas Fontes de Financiamento, que são formadas pelo Passivo e pelo Patrimônio Líquido.

Sim! Neste momento, a empresa deve um total de R$ 50.000,00 aos acionistas, que correspondem ao que já foi entregue até este momento. O capital social é o valor prometido do investimento dos acionistas na empresa e o capital a integralizar é o valor que, embora já esteja prometido no próprio capital social, ainda não foi entregue à empresa.

A empresa tem sua contabilidade separada da contabilidade dos proprietários, e é por isso que para a empresa os proprietários representam uma dívida. Caso um dos sócios se retire da sociedade, ele deve receber de volta o investimento que realizou no empreendimento, acrescido dos lucros ou decrescido dos prejuízos que aconteceram em seu período de permanência na sociedade da empresa.

Mas, voltando ao nosso exemplo do restaurante...

b) Depois de 7 dias da data do início das atividades deste restaurante, os sócios entregaram os valores que faltavam. No entanto, em vez de entregarem esses valores em dinheiro, realizaram (integralizaram) esse capital em móveis e utensílios necessários ao negócio, no valor de R$ 30.000,00. Já daria para ter um novo Balanço Patrimonial? É lógico que sim! A cada nova operação que a empresa realiza e que tem impacto financeiro, é sempre possível obter um novo Balanço Patrimonial.

Vamos ver como ficou a nova situação:

BALANÇO PATRIMONIAL - RESTAURANTE BOA REFEIÇÃO			
Ativo		**Passivo**	
Caixa	50.000	-	-
Móveis e utensílios ↑	30.000	**Patrimônio líquido**	
		Capital social	80.000
		Capital a integralizar ↑	-
Total	↑ **80.000**	**Total**	↑ **80.000**

Repare que houve um aumento em ambos os lados do Balanço Patrimonial, pois este sempre parte de uma igualdade, que pode mudar a cada operação que a empresa realiza.

Essa é a premissa fundamental da estática patrimonial.

Ativo = Passivo + Patrimônio Líquido

Conclusão deste primeiro momento:

A empresa tem o que ela deve.

Quanto mais ela deve, tanto ao capital de terceiros (Passivos) quanto aos proprietários (Patrimônio Líquido), maior é a lista de bens e direitos (Ativos) que ela tem.

BALANÇO PATRIMONIAL	
Ativo	**Passivo + Patrimônio líquido**
Uso do dinheiro (Aplicação das fontes de financiamento)	Origem do dinheiro (Fontes de financiamento)
Bens e Direitos da empresa para que ela desenvolva suas atividades	Capital de terceiros = contas a pagar
	Capital próprio = investimento realizado na empresa por seus acionistas
Ativo = Passivo + Patrimônio Líquido	

#IMPORTANTE

1. O Balanço Patrimonial é a demonstração que apresenta a situação econômica, patrimonial e financeira da empresa.
2. Os bens, direitos e obrigações de uma empresa estão contabilizados obrigatoriamente na moeda nacional corrente.
3. Os Ativos são formados pelos Passivos somados ao Patrimônio Líquido.
4. Quaisquer alterações nas contas de uma área do Balanço Patrimonial podem gerar alterações nas demais áreas da mesma demonstração, pois sempre será mantido este equilíbrio proposto pela visão da estática patrimonial, em que Ativo = Passivo + Patrimônio Líquido.
5. As duas fontes de financiamentos da empresa (Ativo) são os capitais de terceiros, que representa o Passivo (valores que não são tomadores de decisões na empresa), e o capital próprio, que representa a presença dos acionistas na formação da empresa.

Vamos fazer um exercício de simulação de cinco operações da empresa para ver como ficam os Balanços Patrimoniais de cada situação proposta.

OPERAÇÕES SEM LUCRO

As operações de um negócio podem ou não gerar lucro, pois dependem da origem da transação para que haja uma alteração no resultado da empresa. Por exemplo, uma compra de estoque não tem impacto imediato no lucro, pois só será convertido em resultado à medida que for vendido. Um recebimento de contas a receber também não tem impacto, pois é apenas a quitação de um valor que já está no Ativo, como consequência de uma venda realizada anteriormente. E mais uma infinidade de outras operações.

De fato, as operações que trazem lucro ou prejuízo para a empresa são as que geram ganhos e consumos. Mas falaremos um pouco mais adiante deste assunto. Vamos ver a seguir operações que movimentaram valores e que não impactaram os resultados da companhia. Acompanhe nosso exemplo a seguir:

#EXEMPLO PRÁTICO

A empresa Bela Roupa Uniformes está iniciando suas atividades com cinco sócios que fizeram o contrato social da empresa na ocasião de seu início. Para tanto, as operações realizadas estão descritas a seguir. Vamos ver como fica sua contabilização.

a) Abertura da empresa com capital social de R$ 100.000,00, 70% integralizado em dinheiro e o restante integralizado em veículos.

b) Compra a prazo de estoques por R$ 20.000,00.

c) Compra à vista de máquinas e equipamentos produtivos por R$ 40.000,00.

d) Venda a prazo de metade dos estoques por R$ 10.000,00.

e) Pagamento de R$ 5.000,00 da dívida relativa à compra dos estoques.

Vamos acompanhar a solução deste exemplo fazendo um Balanço Patrimonial para cada evento.

1º evento: abertura da empresa com capital social de R$ 100.000,00, 70% integralizado em dinheiro e o restante integralizado em veículos.

ATIVO		PASSIVO	
Caixa	**70.000**		
Veículos	**30.000**	**Patrimônio líquido**	
		Capital social	**100.000**
Total	**100.000**	**Total**	**100.000**

2º evento: compra a prazo de estoques por R$ 20.000,00.

ATIVO		PASSIVO	
Caixa	70.000	**Fornecedores a pagar**	**20.000**
Estoques	**20.000**		
Veículos	30.000	**Patrimônio líquido**	
		Capital social	100.000
Total	**120.000**	**Total**	**120.000**

3º evento: compra à vista de máquinas e equipamentos produtivos por R$ 40.000,00.

ATIVO		PASSIVO	
Caixa	**30.000**	Fornecedores a pagar	20.000
Estoques	20.000		
Veículos	30.000	**Patrimônio líquido**	
Máquinas e equipamentos	**40.000**	Capital social	100.000
Total	**120.000**	**Total**	**120.000**

4º evento: venda a prazo de metade dos estoques por R$ 10.000,00.

ATIVO		PASSIVO	
Caixa	30.000	Fornecedores a pagar	20.000
Contas a receber	**10.000**		
Estoques	**10.000**		
Veículos	30.000	**Patrimônio líquido**	
Máquinas e Equipamentos	40.000	Capital social	100.000
Total	**120.000**	**Total**	**120.000**

5º evento: pagamento da R$ 5.000,00 da dívida relativa à compra dos estoques.

ATIVO		PASSIVO	
Caixa	**25.000**	**Fornecedores a pagar**	**15.000**
Contas a receber	10.000		
Estoques	10.000		
Veículos	30.000	**Patrimônio líquido**	
Máquinas e Equipamentos	40.000	Capital social	100.000
Total	**115.000**	**Total**	**115.000**

Você percebeu que as movimentações das contas geraram novos balanços, pois apresentam a empresa diante de novas configurações dos Ativos, Passivos e Patrimônio Líquido?

Agora, tente dar sequência no exercício, partindo deste último Balanço Patrimonial e contabilizando os próximos cinco lançamentos.[1]

6º evento: recebimento das contas a receber.

7º evento: obtenção de um empréstimo de R$ 20.000,00 junto ao Banco Futuro S/A.

8º evento: entrada de um novo sócio, que trouxe como capital social o valor de R$ 20.000,00 em terrenos.

9º evento: a empresa trocou o terreno por uma loja pelo mesmo valor.

10º evento: venda à vista do restante dos estoques pelo preço de custo.

Se você acertou entre quatro e cinco lançamentos, parabéns! Siga em frente!

1 Veja a solução no Capítulo 11.

Caso você tenha acertado entre um e três lançamentos, é melhor reler o capítulo para reforçar seu conhecimento um pouco mais. Lembre-se de que os primeiros passos construirão seu alicerce do conhecimento deste tema.

Até este ponto, vimos apenas movimentações de entradas e saídas de valores, sem considerar a possibilidade de ganhos e perdas.

Os lucros são calculados em outra demonstração financeira, chamada Demonstração de Resultados do Exercício, que veremos no Capítulo 3.

No entanto, cabe ressaltar que os lucros ou prejuízos são decorrentes da diferença entre os ganhos e gastos ocorridos em um período, que também impactam o Balanço Patrimonial, uma vez que, depois de apurados, incorporam parte do patrimônio líquido.

Vamos ver adiante como isso pode acontecer.

OPERAÇÕES COM LUCRO

O lucro ou o prejuízo são o resultado da diferença entre os ganhos e gastos (consumos) que ocorrem em uma empresa, por meio das operações que ela concretiza. Assim, sempre que opera com lucro, ela está remunerando o capital dos seus proprietários; e, quando incorre em prejuízo, ela está "desremunerando" esse investimento realizado no negócio.

A área que representa a presença dos proprietários na formação da empresa é a que conhecemos por Patrimônio Líquido, que é o capital próprio do qual a companhia dispõe e que absorve os lucros ou os prejuízos gerados no período que está em contabilização.

Portanto, quando ocorre lucro (ganhos maiores que gastos), o Patrimônio Líquido aumenta em consequência desse resultado, que reflete um aumento no mesmo valor ocorrido no Ativo.

Vejamos o exemplo a seguir.

#EXEMPLO PRÁTICO

Imagine que uma empresa apresenta o seguinte Balanço Patrimonial:

ATIVO		PASSIVO	
Estoques	1.000		
		Patrimônio líquido	
		Capital social	1.000
Total	**1.000**	**Total**	**1.000**

E que vende seus estoques a R$ 2.000,00 a prazo. Como será seu novo Balanço Patrimonial?

ATIVO		PASSIVO	
Contas a receber	**2.000**		
Estoques	**—**	**Patrimônio líquido**	
		Capital social	1.000
		Lucro	**1.000**
Total	**2.000**	**Total**	**2.000**

E como esse lucro foi calculado?

Ele foi contabilizado separadamente numa demonstração específica para isso, destinada a confrontar o ganho de R$ 2.000,00 referentes às Contas a Receber geradas na venda a prazo, contra o gasto de R$ 1.000,00 referentes à entrega dos estoques a seu comprador, na efetivação desta operação.

Como a empresa calcula um lucro ou um prejuízo? Veja na figura a seguir:

Vamos trabalhar esse cálculo mais detalhadamente no exemplo a seguir.

#EXEMPLO PRÁTICO

Com base nos dados a seguir, monte o balanço inicial e, na sequência, elabore os balanços sucessivos para cada operação.

Saldos Iniciais: caixa e bancos R$ 4.000,00; estoques R$ 1.000,00; contas a receber R$ 1.000,00; máquinas R$ 2.000,00; terrenos R$ 3.500,00, capital social R$ 10.000,00; empréstimos a pagar R$ 1.000,00; fornecedores a pagar R$ 500,00.

Balanço Inicial

ATIVO		PASSIVO	
Caixa e bancos	4.000	Fornecedores a pagar	500
Estoques	1.000	Empréstimos a pagar	1.000
Contas a receber	1.000		
Máquinas	2.000	**Patrimônio líquido**	
Terrenos	3.500	Capital social	10.000
Total	**11.500**	**Total**	**11.500**

1. Entrada de um novo sócio com capital social de R$ 2.000,00 a integralizar em 10 dias.

ATIVO		PASSIVO	
Caixa e bancos	4.000	Fornecedores a pagar	500
Estoques	1.000	Empréstimos a pagar	1.000
Contas a receber	1.000		
Máquinas	2.000	**Patrimônio líquido**	
Terrenos	3.500	**Capital social**	**12.000**
		Capital a integralizar	**(2.000)**
Total	**11.500**	**Total**	**11.500**

2. Integralização do capital social 50% em dinheiro e o restante em estoques.

ATIVO		PASSIVO	
Caixa e bancos	**5.000**	Fornecedores a pagar	500
Estoques	**2.000**	Empréstimos a pagar	1.000
Contas a receber	1.000		
Máquinas	2.000	**Patrimônio líquido**	
Terrenos	3.500	Capital social	12.000
		Capital a integralizar	**—**
Total	**13.500**	**Total**	**13.500**

3. Compra à vista de estoques por R$ 2.000,00.

ATIVO		PASSIVO	
Caixa e bancos	**3.000**	Fornecedores a pagar	500
Estoques	**4.000**	Empréstimos a pagar	1.000
Contas a receber	1.000		
Máquinas	2.000	**Patrimônio líquido**	
Terrenos	3.500	Capital social	12.000
		Capital a integralizar	—
Total	**13.500**	**Total**	**13.500**

4. Venda a prazo de metade dos estoques a R$ 3.500,00.

ATIVO		PASSIVO	
Caixa e bancos	3.000	Fornecedores a pagar	500
Estoques	**2.000**	Empréstimos a pagar	1.000
Contas a receber	**4.500**		

ATIVO		PASSIVO	
Máquinas	2.000	**Patrimônio líquido**	
Terrenos	3.500	Capital social	12.000
		Lucro	**1.500**
Total	**15.000**	**Total**	**15.000**

5. Recebimento das contas a receber com juros de 10% sobre o valor recebido.

ATIVO		PASSIVO	
Caixa e bancos	**7.950**	Fornecedores a pagar	500
Estoques	2.000	Empréstimos a pagar	1.000
Contas a receber	**—**		
Máquinas	2.000	**Patrimônio líquido**	
Terrenos	3.500	Capital social	12.000
		Lucro	**1.950**
Total	**15.450**	**Total**	**15.450**

6. Pagamento de R$ 300,00 referentes ao aluguel da empresa.

ATIVO		PASSIVO	
Caixa e bancos	**7.650**	Fornecedores a pagar	500
Estoques	2.000	Empréstimos a pagar	1.000
Máquinas	2.000	**Patrimônio líquido**	
Terrenos	3.500	Capital social	12.000
		Lucro	**1.650**
Total	**15.150**	**Total**	**15.150**

7. Pagamento de R$ 200,00 referentes aos gastos com a comissão devida aos vendedores da empresa.

ATIVO		PASSIVO	
Caixa e bancos	**7.450**	Fornecedores a pagar	500
Estoques	2.000	Empréstimos a pagar	1.000
Máquinas	2.000	**Patrimônio líquido**	
Terrenos	3.500	Capital social	12.000
		Lucro	**1.450**
Total	**14.950**	**Total**	**14.950**

8. Venda à vista dos terrenos por R$ 4.500,00.

ATIVO		PASSIVO	
Caixa e bancos	**11.950**	Fornecedores a pagar	500
Estoques	2.000	Empréstimos a pagar	1.000
Máquinas	2.000	**Patrimônio líquido**	
Terrenos	—	Capital social	12.000
		Lucro	**2.450**
Total	**15.950**	**Total**	**15.950**

9. Reconhecimento dos juros a pagar sobre os empréstimos. O cálculo é de 10% sobre o valor da dívida, a pagar em 10 dias.

ATIVO		PASSIVO	
Caixa e bancos	11.950	Fornecedores a pagar	500
Estoques	2.000	Empréstimos a pagar	1.000
		Juros a pagar	**100**
Máquinas	2.000	**Patrimônio líquido**	
		Capital social	12.000
		Lucro	**2.350**
Total	**15.950**	**Total**	**15.950**

10. Venda à vista dos estoques por R$ 1.500,00

ATIVO		PASSIVO	
Caixa e bancos	**13.450**	Fornecedores a pagar	500
Estoques	**—**	Empréstimos a pagar	1.000
		Juros a pagar	100
Máquinas	2.000	**Patrimônio líquido**	
		Capital social	12.000
		Lucro	**1.850**
Total	**15.450**	**Total**	**15.450**

#RECORDAR

Neste capítulo, você aprendeu que ciclos funcionais geram os números que chegam às demonstrações financeiras e são o reflexo das operações que ocorreram nos ciclos funcionais da empresa, todos orquestrados pela administração do empreendimento.

Cada ciclo funcional tem relação com algumas atividades específicas da companhia. Eles são divididos em:

a) **Compras:** correspondem às entradas de mão de obra, matérias-primas e tudo mais que for necessário ao processo produtivo.

b) **Produção:** gera o produto, bem ou serviço que a empresa vende ao seu consumidor.

c) **Vendas:** correspondem ao momento de entrega do produto da empresa ao seu cliente e pelo recebimento desta venda (à vista ou a prazo), geram o caixa que poderá ser utilizado mais adiante para realizar seus pagamentos.

d) **Balanços Sucessivos:** são todas as operações realizadas na empresa, com efeito financeiro, contabilizadas e demonstradas no Balanço Patrimonial. A contabilização desses valores é realizada em uma única moeda (a corrente do país).

e) **Estática Patrimonial:** a cada nova operação é possível obter um novo Balanço Patrimonial. O Balanço Patrimonial é sempre uma igualdade em que o Ativo = Passivo + Patrimônio Líquido. Ativo é a soma de bens e direitos à disposição da empresa para que ela desenvolva suas atividades. Passivo representa o total de contas a pagar da empresa a terceiros. Patrimônio Líquido mostra o investimento que os proprietários da empresa realizaram no negócio.

f) **Lucro e prejuízo:** são formados com base na diferença entre os ganhos e gastos de um período. Refletem os aumentos e as reduções gerados na empresa e no Patrimônio Líquido, decorrentes das atividades de ganhos e perdas de um período.

#NA PRÁTICA

Veja um exemplo de time de futebol cujas demonstrações financeiras foram publicadas em 2018, referentes ao ano de 2017, no site: <https://goo.gl/KJtqA3>. Acesso em: 29 out. 2018.

Lá você encontrará as demonstrações sobre as quais falamos neste capítulo.

E, para completar sua compreensão, lembre-se de ler as notas explicativas indicadas ao lado das contas apresentadas nessa publicação.

Boa leitura!

1 Faça a contabilização dos eventos a seguir usando o método dos balanços sucessivos.

Balanço Inicial

ATIVO		PASSIVO	
Caixa e bancos	**13.000**	Fornecedores a pagar	5.000
Estoques	**5.000**	Empréstimos a pagar	10.000
Contas a receber	10.000	Juros a pagar	3.000
Máquinas	22.000	**Patrimônio líquido**	
		Capital social	32.000
Total	**50.000**	**Total**	**50.000**

a) Pagamento de metade da dívida a fornecedores a pagar.

b) Recebimento das contas a receber.

c) Venda à vista dos estoques por R$ 8.000,00.

d) Venda a prazo de metade das máquinas por R$ 10.000,00.

e) Pagamento dos empréstimos.

f) Obtenção de novos empréstimos por R$ 5.000,00.

g) Entrada de um novo sócio que integralizará seu capital em veículos no valor de R$ 8.000,00.

h) Compra a prazo de novos estoques por R$ 5.000,00.

i) Venda dos estoques por R$ 7.000,00.

j) Saída de um sócio que retirou 10% do capital social e 10% dos lucros e recebeu sua parte em dinheiro.

2 Os Ativos são chamados dessa forma porque representam:

a) Bens e direitos à disposição da empresa para que ela pague os juros de suas dívidas.

b) Obrigações que a empresa tem para com os acionistas.

c) Bens e direitos à disposição da empresa para que ela desenvolva suas atividades.

d) Obrigações que a empresa tem para com os terceiros.

e) Nenhuma das alternativas anteriores.

3 O Patrimônio Líquido é a área que representa:

a) O investimento dos proprietários na empresa em análise.
b) A dívida que os sócios têm para com a empresa em análise.
c) O investimento que os funcionários e fornecedores fizeram na empresa por certo tempo.
d) As contas a pagar da empresa, que não tomam decisões nos negócios da companhia.
e) A resposta b invalida a resposta a.

4 O Lucro e o Prejuízo são:

a) A diferença entre o Ativo e o Passivo.
b) A diferença entre o Ativo e o Patrimônio Líquido.
c) A diferença entre os ganhos e gastos das operações de um período.
d) A diferença entre o Passivo e o Patrimônio Líquido.
e) A diferença entre compras e vendas de um período.

5 O lucro:

a) Aumenta o Ativo e o Patrimônio Líquido.
b) Aumenta o Ativo e diminui o Patrimônio Líquido.
c) Aumenta o Ativo e o Passivo.
d) Aumenta o Passivo e o Patrimônio Líquido.
e) Não tem relação com o Ativo nem com o Patrimônio Líquido.

6 Quanto mais a empresa deve a terceiros e aos seus proprietários somados...:

a) maior é seu ativo.
b) menor é seu ativo.
c) não há interferência no volume do Ativo que ela tem.
d) menor é sua chance de fazer negócios.
e) não é bom dever a qualquer fonte de financiamento, quer seja de terceiros ou aos proprietários da empresa.

7 O que é um Ativo? E um Passivo?

8 O que é Patrimônio Líquido?

9 Por que o lucro ou o prejuízo alteram o Patrimônio Líquido?

DEMONSTRAÇÃO DE RESULTADOS DO EXERCÍCIO (DRE)

Neste capítulo, você...

... aprenderá como os ganhos e gastos decorrentes de cada operação deverão ser tratados para que sejam contabilizados na Demonstração de Resultados do Exercício (DRE), com a finalidade de calcular o lucro ou o prejuízo de um período contábil.

Seu resultado reflete as movimentações de ganhos e perdas provenientes dos negócios realizados pela companhia. Como vimos anteriormente em outros capítulos, a DRE é uma demonstração financeira e complementar ao Balanço Patrimonial, que, por sua vez, receberá o impacto dos resultados ali apurados.

No final do capítulo, você...

... identificará os ganhos e gastos gerados em cada período da companhia; como eles serão divididos e apurados na Demonstração de Resultados do Exercício, bem como serão absorvidos pelas contas do Patrimônio Líquido divulgado no Balanço Patrimonial da empresa.

3.1 FUNDAMENTOS

Os ganhos e gastos que uma empresa produz ao longo de cada período são confrontados e resumidos em uma demonstração financeira complementar ao Balanço Patrimonial que tem o nome de Demonstração de Resultados do Exercício (DRE).

Esse novo relatório, que chamaremos daqui para a frente de DRE, é feito nas empresas com a finalidade de calcular o lucro ou o prejuízo de um único período.

Trata-se de uma das demonstrações financeiras exigidas por lei, que complementa o conjunto de informações econômicas, financeiras e patrimoniais divulgadas pela empresa, quando da apresentação dos resultados e números de cada período.

A DRE é um relatório apresentado de forma dedutiva e cumulativa. A companhia subtrai os gastos, chamados custos e despesas, dos ganhos (receitas) que ocorreram durante o ano, até chegar ao valor final, que é o resultado do período - lucro ou prejuízo líquido.

Para que os números sejam apresentados nessa demonstração, utilizaremos algumas premissas de apoio, como o princípio que regula o reconhecimento da realização de despesas e receitas e o da competência de exercícios. Vamos falar mais sobre esse assunto no Capítulo 9, específico sobre princípios e convenções contábeis.

Para que os valores dos ganhos e gastos sejam lançados na DRE, a empresa toma como base alguns princípios contábeis (que são regras gerais e universais para reconhecimento da contabilização dos valores). Um deles é o princípio da realização de receitas e de despesas, responsável por identificar o fato gerador de um ganho e de um gasto. Por isso, só é possível contabilizar uma receita (ganho) ou o custo de uma venda, ou, ainda, uma despesa (gastos), quando o fato gerador deste item ocorrer e já estiver concluído.

Como alguns exemplos, podemos citar o reconhecimento de contas a pagar consequentes de consumos já ocorridos, mas que terão seus pagamentos programados para datas futuras, como os impostos sobre fatos já acontecidos, os aluguéis de imóveis que já foram usados ou disponibilizados para uso, os juros a pagar sobre o dinheiro que se tomou emprestado há algum tempo... e todos os outros valores que identificam consumos incorridos (que já aconteceram) e que serão pagos em data futura...

O mesmo conceito do fato gerador também vale para o reconhecimento das receitas. Por isso, uma venda só será identificada como uma receita quando a mercadoria for efetivamente entregue ao seu comprador; ou os juros ou aluguéis a receber, quando alguém realmente já tiver usado o dinheiro que emprestamos ou o imóvel que lhe alugamos...

#RESUMO

Se o fato gerador de um ganho ou de um gasto não aconteceu, não podemos lançá-lo na DRE.

Mas como o fato gerador de um ganho ou de uma perda sempre ocorrerá em uma data, há outro princípio contábil que será levado em conta para que o reconhecimento de receitas, custos e despesas incorporem a DRE deste período. É o princípio da Competência de Exercícios, que permite que todos e apenas todos os eventos ocorridos no ano sejam lançados na contabilidade do período em curso. Portanto, não podemos adiar nem antecipar ganhos e gastos dos períodos, pois isso afetaria o cálculo do lucro ou do prejuízo de um período.

Trata-se do reconhecimento do fato gerador de um ganho ou um gasto ocorrido em um determinado período, não tendo nada a ver com o recebimento da receita ou com o pagamento da despesa contabilizados.

Por isso, quando acontece uma venda a prazo, o lucro já está sendo computado, mesmo que o recebimento do valor tenha sido deixado para um período futuro. E vale o mesmo raciocínio para as despesas. Elas serão contabilizadas pelo consumo que representaram em determinada data, e não pelo seu pagamento, que eventualmente poderá estar programado para uma data futura.

Dessa forma, podemos concluir que dinheiro em caixa não é sinônimo de lucro, assim como saída de dinheiro do caixa não representa prejuízo.

Vamos ver como a DRE distribui e apresenta as informações relativas aos ganhos e gastos quando da sua publicação.

APRESENTAÇÃO DA DRE

Acompanhe as explicações a seguir, para depois aplicarmos os conceitos nos exercícios que estão mais à frente.

A DRE deve ser apresentada de forma dedutiva e cumulativa, como dissemos anteriormente neste mesmo capítulo. Isso significa dizer que a cada ano ela soma todos os ganhos e gastos apenas do período. Assim, a cada ano que inicia, os saldos que são relativos à DRE começam "zerados".

VENDAS	
Lucro bruto operacional	**Lucro das vendas**
ROTINAS E FINANÇAS	
Lucro antes do imposto de renda	**Lucro tributável**
TRIBUTAÇÃO	
Lucro líquido	**Lucro destinado aos sócios e à retenção na empresa**

A DRE distribui seus valores em três grandes áreas, que são:

a) Ganhos e gastos com vendas do produto da empresa.

b) Ganhos e gastos oriundos da rotina e dos resultados financeiros que a companhia mantém.

c) Valores referentes à tributação do período.

Mas vejamos a DRE a seguir de forma mais detalhada:

Vendas - Deduções Vendas Líquidas - Custo da Mercadoria Vendida	**VENDAS**
Lucro bruto operacional	**Lucro das vendas**
- Despesas Operacionais + Receitas Operacionais + ou - Outras Receitas e Despesas Operacionais Lucro antes do Resultado Financeiro + ou - Resultado Financeiro	**ROTINA DE OPERAÇÕES E OUTROS EVENTOS QUE INTERFEREM NO LUCRO**
Lucro antes do imposto de renda	**Lucro tributável**
- Imposto de Renda e Contribuição Social	**TRIBUTAÇÃO**
Lucro líquido	**Lucro destinado aos sócios e à retenção na empresa**

Para que possamos fazer a adequada leitura e interpretação de uma DRE, é preciso que conheçamos bem cada uma de suas divisões. Por isso, vamos a elas.

3.2.1 Vendas

A área destinada a calcular os ganhos com vendas dos produtos da empresa:

Vendas Brutas - Deduções Vendas Líquidas - Custo da Mercadoria Vendida	**VENDAS**
Lucro Bruto Operacional	**Lucro das vendas**

Nessa parte da DRE, comparamos quanto a empresa ganhou com as vendas que realizou em determinado período.

a) **Vendas brutas:** equivalem à soma das notas fiscais que a empresa emitiu durante o período que está sendo registrado. Também podem ser denominadas faturamento bruto.

b) **Deduções:** são os valores das vendas brutas que não ficaram com a empresa, como, por exemplo, os impostos incidentes sobre a venda do produto da companhia, as devoluções, os descontos comerciais, os abatimentos e as vendas canceladas.

c) **Vendas líquidas:** são o faturamento líquido do negócio. Equivalem às vendas brutas depois da subtração das deduções. Essa conta representa o valor da venda que realmente ficará à disposição da empresa, para que ela pague suas contas e invista em seu empreendimento.

   Se fizermos uma comparação com nossa vida pessoal, é como o salário líquido que recebemos depois de um mês de trabalho. Você tem um salário bruto pelo qual foi contratado, do qual serão descontados alguns valores. O saldo que sobrará será seu salário líquido. Vale esse mesmo raciocínio para a empresa, no que diz respeito a suas receitas líquidas.

d) **Custo da Mercadoria Vendida (CMV):** é o valor do estoque/produto/serviço que a empresa entregou a seu cliente na ocasião da venda do seu produto. Também pode ser chamado de Custo do Produto Vendido (CPV) ou Custo do Serviço Vendido (CSV). O conceito é basicamente o mesmo, com a especificação de mercadoria para comércio, produto para indústria e serviço para o setor de serviços. Mas, nas empresas e no mundo empresarial, a nomenclatura mais utilizada é CMV, que será como vamos nos referir a essa conta, deste ponto em diante.

e) **Lucro Bruto Operacional:** é o resultado desta etapa do cálculo do lucro do período. Esta trata do resultado obtido apenas com a venda do produto da empresa. Como a companhia ainda deverá reconhecer outros valores, relativos a ganhos e gastos gerados em seu dia a dia, o lucro apurado neste momento só completa a visão que podemos ter em relação ao que ganhamos ou perdemos vendendo nosso produto neste período.

3.2.2 Gastos: custos e despesas

Veja a seguir as despesas (gastos) e receitas (ganhos) geradas pelas atividades da operação do negócio.

- Despesas Operacionais + Receitas Operacionais + ou - Outras Receitas e Despesas Operacionais Lucro antes do Resultado Financeiro + ou - Resultado Financeiro	**ROTINA DE OPERAÇÕES E OUTROS EVENTOS QUE INTERFEREM NO LUCRO**
Lucro Antes do Imposto de Renda	**Lucro Tributável**

A rotina da empresa traz tantas despesas quanto receitas relacionadas à sua administração. Normalmente, o maior volume e número de contas referem-se a gastos reconhecidos como despesas. Os gastos representam os consumos nos quais uma empresa incorre. Assim, sempre que houver uma operação que possa alterar negativamente o resultado da empresa, este fato será identificado como uma despesa ou como um custo.

Tanto as despesas quanto os custos são fatores que impactam o resultado negativamente. A diferença fundamental que ocorre entre eles é que o custo ocorre obrigatoriamente em uma operação de venda (como vimos na explicação do CMV) e identifica o que a companhia gastou para elaborar o seu produto para ser vendido.

Já a despesa equivale a um consumo que não traz na mesma operação um ganho da venda. Assim, podemos exemplificar da seguinte forma: Como vimos anteriormente, valor gasto no estoque entregue ao cliente de uma empresa é o custo da venda, enquanto o gasto com frete dessa mesma venda pode ser considerado como despesa, uma vez que não incorpora o valor do estoque entregue ao consumidor.

Os gastos operacionais estão ligados aos eventos da rotina da empresa. Portanto, gastos ligados à administração e à manutenção, assim como as despesas oriundas das operações de vendas, são todas consideradas operacionais. Fazem parte do dia a dia do negócio.

Há ainda na DRE uma linha dedicada a outras receitas e despesas que são originadas pelas vendas e/ou ganhos oriundos de bens e direitos que não fazem parte dos estoques da companhia. Todos esses valores são apresentados em contas individualmente controladas e, após essa etapa, a empresa apura o lucro antes do resultado financeiro.

Deste lucro antes do resultado financeiro são retirados ou somados os resultados obtidos pela diferença entre os ganhos e gastos financeiros (que são os ganhos e os gastos que a empresa teve no período, relativos à movimentação do dinheiro). Ou seja, juros pagos e recebidos, descontos financeiros obtidos ou concedidos e outros valores dispendidos em função de operações financeiras.

Assim, chega-se ao LAIR (como é conhecido o Lucro Antes do Imposto de Renda e da Contribuição Social).

- Imposto de Renda e Contribuição Social	**TRIBUTAÇÃO**
Lucro Líquido	**Lucro Destinado aos Sócios e à Retenção na Empresa**

Uma vez, retirados os impostos incidentes sobre o lucro tributável (que é o ganho a "ser oferecido" ao Fisco), chegamos finalmente ao lucro líquido.

Veja a seguir um exemplo simplificado de uma DRE, após a contabilização de uma venda de mercadorias.

Veja o exemplo ao lado, com o registro de uma venda de estoques que custaram 200 e foram comercializados por 500 (supondo, nesse momento inicial, isenção de impostos sobre as vendas).

DEMONSTRAÇÃO DE RESULTADOS DO EXERCÍCIO	VALOR
Receita Bruta de Vendas	500
- Deduções	--
= Receita Líquida de Vendas	500
- Custo da Mercadoria Vendida	(200)
= Lucro Bruto Operacional	300
- Despesas Operacionais	--
+ Receitas Operacionais	--
= Lucro Antes do Resultado Financeiro	300
+ Receitas Financeiras	--
- Despesas Financeiras	--
= Lucro Antes do Imposto de Renda	300
- Imposto de Renda e Contribuição Social	--
= Lucro Líquido	300

É dedutiva, pois inicia a conta com a receita de vendas, que é o faturamento, e vai deduzindo os ganhos e somando outros ganhos, até chegar ao lucro ou prejuízo do período.

O resultado final identifica se houve lucro ou prejuízo no período.

Resume todos os ganhos (receitas) e gastos (custos e despesas) realizados por natureza e área a que pertencem.

É cumulativa, pois acumula todos e apenas todos os ganhos e gastos de um único período.

APURAÇÃO DO LUCRO

Como vimos anteriormente, a apuração do resultado de um período, lucro ou prejuízo é feita pela comparação de todos os ganhos e gastos que uma empresa teve em um período contábil. Acompanhe o exercício a seguir para compreender e refazer o caminho da identificação do resultado que esta empresa teve no período em análise.

#EXEMPLO PRÁTICO

Com base nos dos dados a seguir, monte o balanço inicial e, na sequência, elabore os balanços sucessivos para cada operação.

Saldos iniciais: caixa e bancos: R$ 4.000,00; estoques: R$ 1.000,00; contas a receber: R$ 1.000,00; máquinas: R$ 2.000,00; terrenos: R$ 3.500,00, capital social: R$ 10.000,00; empréstimos a pagar: R$ 1.000,00; fornecedores a pagar: R$ 500,00.

BALANÇO INICIAL			
Ativo		**Passivo**	
Caixa e bancos	4.000	Fornecedores a pagar	500
Estoques	1.000	Empréstimos a pagar	1.000
Contas a receber	1.000		
Máquinas	2.000	**Patrimônio líquido**	
Terrenos	3.500	Capital social	10.000
Total	**11.500**	**Total**	**11.500**

1. Entrada de um novo sócio com capital social de R$ 2.000,00 a integralizar em 10 dias.

ATIVO		PASSIVO	
Caixa e bancos	4.000	Fornecedores a pagar	500
Estoques	1.000	Empréstimos a pagar	1.000
Contas a receber	1.000		
Máquinas	2.000	**Patrimônio líquido**	
Terrenos	3.500	**Capital social**	**12.000**
		Capital a integralizar	**(2.000)**
Total	**11.500**	**Total**	**11.500**

2. Integralização do capital social 50% em dinheiro e o restante em estoques.

ATIVO		PASSIVO	
Caixa e bancos	**5.000**	Fornecedores a pagar	500
Estoques	**2.000**	Empréstimos a pagar	1.000
Contas a receber	1.000		
Máquinas	2.000	**Patrimônio líquido**	
Terrenos	3.500	Capital social	12.000
		Capital a integralizar	—
Total	**13.500**	**Total**	**13.500**

3. Compra à vista de estoques por R$ 2.000,00.

ATIVO		PASSIVO	
Caixa e bancos	**3.000**	Fornecedores a pagar	500
Estoques	**4.000**	Empréstimos a pagar	1.000
Contas a receber	1.000		
Máquinas	2.000	**Patrimônio líquido**	
Terrenos	3.500	Capital social	12.000
		Capital a integralizar	—
Total	**13.500**	**Total**	**13.500**

4. Venda a prazo de metade dos estoques a R$ 3.500,00. Ver DRE a seguir.

ATIVO		PASSIVO	
Caixa e bancos	3.000	Fornecedores a pagar	500
Estoques	**2.000**	Empréstimos a pagar	1.000
Contas a receber	**4.500**		
Máquinas	2.000	**Patrimônio líquido**	
Terrenos	3.500	Capital social	12.000
		Lucro	**1.500**
Total	**15.000**	**Total**	**15.000**

5. Recebimento das contas a receber com juros de 10% sobre o valor recebido. Ver DRE a seguir.

ATIVO		PASSIVO	
Caixa e bancos	**7.950**	Fornecedores a pagar	500
Estoques	2.000	Empréstimos a pagar	1.000

ATIVO		PASSIVO	
Contas a receber	—		
Máquinas	2.000	**Patrimônio líquido**	
Terrenos	3.500	Capital social	12.000
		Lucro	**1.950**
Total	**15.450**	**Total**	**15.450**

6. Pagamento de R$ 300,00 referentes ao aluguel da empresa. Ver DRE a seguir.

ATIVO		PASSIVO	
Caixa e bancos	**7.650**	Fornecedores a pagar	500
Estoques	2.000	Empréstimos a pagar	1.000
Máquinas	2.000	**Patrimônio líquido**	
Terrenos	3.500	Capital social	12.000
		Lucro	**1.650**
Total	**15.150**	**Total**	**15.150**

7. Pagamento de R$ 200,00 referentes aos gastos com a comissão devida aos vendedores da empresa. Ver DRE a seguir.

ATIVO		PASSIVO	
Caixa e bancos	**7.450**	Fornecedores a pagar	500
Estoques	2.000	Empréstimos a pagar	1.000
Máquinas	2.000	**Patrimônio líquido**	
Terrenos	3.500	Capital social	12.000
		Lucro	**1.450**
Total	**14.950**	**Total**	**14.950**

8. Venda à vista dos terrenos por R$ 4.500,00. Ver DRE a seguir.

ATIVO		PASSIVO	
Caixa e bancos	**11.950**	Fornecedores a pagar	500
Estoques	2.000	Empréstimos a pagar	1.000
Máquinas	2.000	**Patrimônio líquido**	
Terrenos	—	Capital social	12.000
		Lucro	**2.450**
Total	**15.950**	**Total**	**15.950**

9. Reconhecimento dos juros a pagar sobre os empréstimos. O cálculo é de 10% sobre o valor da dívida, a pagar em 10 dias. Ver DRE a seguir.

ATIVO		PASSIVO	
Caixa e bancos	11.950	Fornecedores a pagar	500
Estoques	2.000	Empréstimos a pagar	1.000
		Juros a pagar	**100**
Máquinas	2.000	**Patrimônio líquido**	
		Capital social	12.000
		Lucro	**2.350**
Total	**15.950**	**Total**	**15.950**

10. Venda à vista dos estoques por R$ 1.500,00. Ver DRE a seguir.

ATIVO		PASSIVO	
Caixa e bancos	**13.450**	Fornecedores a pagar	500
Estoques	—	Empréstimos a pagar	1.000
		Juros a pagar	100
Máquinas	2.000	**Patrimônio líquido**	
		Capital social	12.000
		Lucro	**1.850**
Total	**15.450**	**Total**	**15.450**

Veja como fica a DRE pelo método de balanços sucessivos. A cada novo lançamento em que ocorra algum ganho (receita) ou gastos (custo ou despesa), haverá um lançamento na DRE, que será acumulada na última coluna da tabela.

DRE	LANÇAMENTOS										TOTAL
Contas	1	2	3	4	5	6	7	8	9	10	
Receita Bruta	-	-	-	3.500	-	-	-	-	-	1.500	5.000
- Deduções	-	-	-	-	-	-	-	-	-	-	-
Receita Líquida	-	-	-	3.500	-	-	-	-	-	1.500	5.000
- CMV	-	-	-	(2.000)	-	-	-	-	-	(2.000)	(4.000)
= Lucro Bruto Operacional	-	-	-	1.500	-	-	-	-	-	(500)	1.000
Despesas e receitas operacionais	-	-	-	-	-	(300)	(200)	-	-	-	(500)
Outras receitas e despesas operacionais	-	-	-	-	-	-	-	1.000	-	-	1.000
Lucro antes do Resultado Financeiro	-	-	-	1.500	-	(300)	(200)	1.000	-	(500)	1.500
Resultado Financeiro	-	-	-	-	450	-	-	-	(100)	-	350
Lucro antes do Imposto de Renda	-	-	-	1.500	450	(300)	(200)	1.000	(100)	(500)	1.850
Imposto de Renda e Contribuição Social	-	-	-	-	-	-	-	-	-	-	-
Lucro Líquido	-	-	-	1.500	450	(300)	(200)	1.000	(100)	(500)	1.850

Obs.: desconsideramos os impostos incidentes sobre as operações.

Repita os exercícios de fixação do capítulo anterior utilizando a DRE como fizemos anteriormente para calcular o lucro ou prejuízo de cada operação.[1]

1 Veja a solução no Capítulo 11.

#ESTUDE MAIS

- SILVA CORRÊA, Caroline da; SCHIO, Edvir; SANTOS, Lucas Almeida dos. O desempenho organizacional por meio da contabilidade gerencial quanto a utilização de ferramentas de gestão. **Disciplinarum Scientia| Sociais Aplicadas**, v. 13, n. 1, p. 43-63, 2017.

#RECORDAR

Neste capítulo, você viu que a demonstração de Resultados do Exercício (DRE) é uma demonstração que complementa o Balanço Patrimonial, pois identifica as contas que contribuíram para calcular seu lucro ou prejuízo do período.

É uma demonstração que acumula os valores de ganhos e gastos que aconteceram durante o ano que está sendo contabilizado.

É apresentada de forma dedutiva, começando pela área de vendas do produto da empresa e chega até o valor final que representa o lucro líquido do período.

As contas apresentadas nesta demonstração são as receitas que mostram os ganhos que a empresa teve no período e os custos e despesas, representando os consumos incorridos no mesmo intervalo de tempo.

Os custos se diferenciam das despesas por estarem sempre ligados à operação de venda de mercadorias e produtos, enquanto as despesas representam os gastos que não trazem uma venda na mesma operação.

#NA PRÁTICA

Veja um exemplo de uma empresa pecuária cujas demonstrações financeiras foram publicadas em 2017, referentes ao ano de 2016, no site:

<https://goo.gl/v5KpTE>. Acesso em: 28 out. 2018.

E, como nos capítulos anteriores, para completar sua compreensão, lembre-se de ler as notas explicativas indicadas ao lado das contas apresentadas nesta publicação.

Boa leitura!

1 A DRE acumula os saldos do ano porque:

a) É por meio desta demonstração que confrontamos os ganhos e gastos de um negócio, para podermos avaliar se houve lucro ou prejuízo no período em análise.

b) Ela soma os Ativos e Passivos para apurar o efeito de Patrimônio Líquido no Balanço Patrimonial.

c) Ela procura o saldo final das dívidas e das vendas para apurar se a empresa teve lucro ou prejuízo no ano.

d) Ela identifica os ganhos e gastos dos investimentos que a empresa fez e apura os impostos a pagar do ano.

e) Ela mostra ganhos e gastos operacionais e não operacionais em seu dia a dia.

2 As receitas são:

a) Ganhos relativos tanto a vendas de mercadorias como a outros ganhos que a empresa já efetivou.

b) Gastos relativos a vendas que trouxeram lucro para a companhia.

c) Lucro obtido nas operações de compra e venda das mercadorias.

d) Prejuízo obtido nas operações de compra e venda das mercadorias.

e) São a base de cálculo dos impostos a serem oferecidos ao Fisco.

3 Os princípios contábeis vinculados ao reconhecimento das receitas e despesas são:

a) Os princípios da realização de receitas e da competência de exercícios.

b) Os princípios da igualdade e da confrontação das despesas do período.

c) Os princípios da objetividade e da materialidade.

d) Os princípios das convenções da realização das despesas e competência das receitas.

e) Os princípios que separam a contabilidade da empresa da contabilidade de seus proprietários.

4 A DRE é uma demonstração:

a) Cumulativa e dedutiva.

b) Apenas cumulativa desde o início de funcionamento da empresa.

c) Apenas dedutiva desde o início de funcionamento da empresa.

d) Cumulativa e dedutiva desde o início de funcionamento da empresa.

e) Apenas obrigatória para as sociedades anônimas.

5 Os custos e despesas são:

a) Gastos que reduzem o lucro da empresa.

b) Gastos que se diferenciam por estarem ou não vinculados à venda do produto da empresa.

c) Apurados anualmente de forma cumulativa e são deduzidos dos ganhos que a empresa teve durante o período contábil.

d) Reflexos de consumos realizados pelo negócio.

e) Todas as respostas estão corretas.

6 O que é uma receita?

7 O que é um custo?

8 O que é uma despesa?

9 Qual é a função da DRE?

10 Quais são os princípios contábeis ligados ao reconhecimento dos ganhos e gastos de cada período da companhia?

A ESCRITURAÇÃO CONTÁBIL

Neste capítulo, você...

... entenderá como as operações da empresa são organizadas, registradas e levadas às demonstrações financeiras por meio dos livros contábeis. Até agora vimos o impacto que as movimentações do negócio podem gerar nas demonstrações financeiras.

...compreenderá como o contador registra essas operações, utilizando o mecanismo das partidas dobradas, que é o método usado por todas as companhias para contabilizar seus valores.

No final do capítulo, você...

... contabilizará as operações correntes e não correntes da companhia, com o objetivo de preparar as contas que serão apresentadas na publicação ou elaboração do Balanço Patrimonial e da Demonstração de Resultados do Exercício.

4.1 FUNDAMENTOS

A escrituração contábil é o registro de cada operação com impacto financeiro realizada pela entidade e apontada num determinado período. Esse registro é feito em livros contábeis específicos, cuja finalidade é resumir e organizar as informações e os saldos de cada conta para formar adequadamente as demonstrações financeiras.

Portanto, vale dizer que a Contabilidade usa seus registros básicos para, ao final de cada período, identificar os valores que serão apresentados no Balanço Patrimonial, na Demonstração de Resultados do Exercício e nas demais demonstrações que se fizerem necessárias à empresa.

A Contabilidade surgiu há muito tempo, pela necessidade de prestação de contas dos mercadores e demais agentes de negócios, incumbidos de realizar operações de compra e venda de mercadorias e demais atividades econômico-financeiras em suas épocas. Para identificar uma data e um autor ao seu método de registro, costuma-se associar a Lucca Pacioli, um padre italiano que viveu no final do século XV, o surgimento da Contabilidade em 1498 como a conhecemos nos nossos dias. A ele se remete a criação do registro das operações de negócios, pelo mecanismo de débitos e créditos, também identificado como método das partidas dobradas. E o que é isso?

Vamos ver a seguir por que isso acontece... O que podemos garantir é que este método é considerado o mais lógico utilizado até os dias atuais. E, ao contrário do que normalmente se pensa sobre a Contabilidade, é extremamente fácil de compreender, pois ele está apoiado no raciocínio de origem e uso do dinheiro.

Acompanhe esta explicação: imagine que cada conta da empresa seja como uma caixinha, com o nome do que você guarda ali dentro, na qual serão anotados e guardados os valores que entram e saem dali; e, ainda, para que isso seja reconhecido, haja documentos que comprovem essas entradas e saídas... Muito bem, essa é a função de cada conta. Mostrar o que foi movimentado em valores que correspondem às atividades desenvolvidas pela empresa.

Essas contas são organizadas na contabilidade da empresa, conforme sua natureza e prazo de concretização (realização). Via de regra, seguem a classificação de apresentação do Balanço Patrimonial e da Demonstração de Resultados do Exercício. Por isso, é bastante usual que a empresa forme quatro grupos de contas:

a) **Grupo 1 - Contas do Ativo:** formado pelas contas de bens e direitos que compõem os Ativos da empresa em análise.

b) **Grupo 2 - Contas do Passivo:** aqui encontraremos todas as contas a pagar que representam as dívidas que a empresa contraiu com terceiros.

c) **Grupo 3 - Contas do Patrimônio Líquido:** fechando o terceiro grupo das contas do Balanço Patrimonial, há as contas que identificam quanto os proprietários da companhia investiram no empreendimento, acrescido das reservas e outras contas patrimoniais.

d) **Grupo 4 - Contas do Resultado:** este último grupo contempla as contas de receitas, custos e despesas, que, uma vez reunidos na Demonstração de Resultados do Exercício, permitem que calculemos o lucro ou o prejuízo de cada ano ou período de atuação do negócio.

A empresa tem uma lista detalhada dessas contas. E são elas que formam seu plano de contas.

Para que ela apresente os valores na contabilidade, o contador utiliza essas contas organizadas em grupos do plano de contas, como o endereço do registro dos valores que está contabilizando. Embora este assunto (classificação de contas) esteja tratado com detalhes no próximo capítulo, veja a seguir um exemplo de plano de contas:

PLANO DE CONTAS DA EMPRESA BELA ROUPA (VISÃO PARCIAL)
Grupo 1 - Contas do Ativo
1.1 Ativo circulante
1.1.1 Caixa e equivalentes
1.1.2 Bancos - conta movimento
1.1.2.1 Banco do Futuro
1.1.2.2 Banco do Atlântico
1.1.2.3 Banco Júpiter
1 1.2.4 Banco Progresso
1 1.2.5 e assim por diante
1.1.3 Contas a receber
1.1.3.1 Clientes nacionais
1.1.3.2 Clientes estrangeiros
1.1.3.3 Provisão para créditos de liquidação duvidosa
1.1.4 Estoques
1.1.4.1 Matérias-primas
1.1.4.1.1 Malha para camisetas
1.1.4.1.1.1 Malha branca
1.1.4.1.1.2 Malha azul
1.1.4.1.1.3 Malha vermelha
1.1.4.1.1.4 e assim por diante...
1.1.4.1.2 Jeans
1.1.4.1.3 Malha para calças
1.1.4.1.4 e assim por diante
1.1.4.2 Estoque em elaboração
1.1.4.3 Estoque em poder de terceiros
1.1.4.4 Estoque de produtos acabados
1.1.4.5 Estoque em trânsito
1.1.4.6 e assim por diante...
1.1.5 Antecipações concedidas
1.1.6 Impostos a recuperar
1.1.7 Outros valores a receber

1.2 Ativo realizável a longo prazo

1.2.1 Contas a Receber a Longo Prazo
- 1.2.1.1 Clientes nacionais
- 1.2.1.2 Clientes estrangeiros

1.2.2 Depósitos compulsórios

1.2.3 Outras contas e valores a receber

1.2.4 e assim por diante

1.3 Ativo permanente

1.3.1 Investimentos[1]
- 1.3.1.1 Avaliados pelo valor de realização
- 1.3.1.2 Avaliados pela equivalência patrimonial
  - 1.3.1.2.1 Empresas coligadas
    - 1.3.1.2.1.1 Empresa Botões Magníficos
    - 1.3.1.2.1.2 Empresa Belo Acabamento
    - 1.3.1.2.1.3 e assim por diante...
  - 1.3.1.2.2 Empresas controladas
  - 1.3.1.2.3 Participação conjunta (*joint ventures*)

1.3.2 Imobilizado
- 1.3.2.1 Máquinas e equipamentos
- 1.3.2.2 Moldes e ferramentas
- 1.3.2.3 Móveis e utensílios
- 1.3.2.4 e assim por diante
- 1.3.2.5 Depreciação acumulada

1.3.3 Intangível
- 1.3.3.1 Marcas e patentes
- 1.3.3.2 Pesquisas
- 1.3.3.3 e assim por diante
- 1.3.3.4 Amortizações

Grupo 2 - Passivo

2.1 Passivo circulante

2.1.1 Fornecedores
- 2.1.1.1 Fornecedores Nacionais
  - 2.1.1.1.1 Belo pano
  - 2.1.1.1.2 Bonito tecido
  - 2.1.1.1.3 e assim por diante

2.1.2 Salários e obrigações trabalhistas

2.1.3 Empréstimos e financiamentos de curto prazo

1 Atualmente, o ativo permanente não é destacado na apresentação do Balanço Patrimonial. No entanto, mantivemos esta nomenclatura para auxiliar na explicação dos fundamentos das áreas da empresa aqui abrangidas.

2.1.4 Impostos a recolher e a pagar 2.1.5 Antecipações recebidas 2.1.6 Outras contas a pagar 2.1.7 e assim por diante
2.2 Passivo exigível a longo prazo
2.2.1 Empréstimos e financiamentos de longo prazo 2.2.2 Impostos a recolher e a pagar 2.2.3 Antecipações recebidas 2.2.4 Outras contas a pagar 2.2.5 e assim por diante
Grupo 3 - Patrimônio Líquido
3.1 Capital social
3.2 Reservas
3.3 Ajustes
3.4 Outros
Grupo 4 - Contas de Resultado (são formadoras da Demonstração de Resultados do Exercício - DRE)
4.1 Receitas
4.2 Custos
4.3 Despesas

Uma vez definido o plano de contas, a empresa vai lançar os valores na contabilidade, operação por operação, mostrando sempre como ela obteve o valor, o documento que identifica sua origem e qual foi o uso ou destino dado a esse dinheiro.

#EXEMPLO PRÁTICO

1. Vamos imaginar uma empresa que tem capital social de R$ 5.000,00 e caixa de R$ 5.000,00.

ATIVO		PASSIVO	
Caixa	5.000	—	—
		Patrimônio líquido	
		Capital social	5.000
Total	**5.000**	**Total**	**5.000**

Se ela comprou um estoque de malha para camiseta azul por R$ 1.000,00 a prazo do fornecedor Belo Pano, o lançamento contábil usará as seguintes contas:

- **Uso do dinheiro:** estoques no valor de R$ 1.000,00.
- **Origem do dinheiro:** fornecedores a pagar no valor de R$ 1.000,00.

Antes de realizar o lançamento desta operação na contabilidade, veja o impacto que teremos no Balanço da empresa:

ATIVO		PASSIVO	
Caixa	5.000	Fornecedores a pagar	1.000
Estoques	1.000	**Patrimônio líquido**	
		Capital social	5.000
Total	**6.000**	**Total**	**6.000**

#EXEMPLO PRÁTICO

2. Se a mesma compra tivesse sido realizada à vista, o lançamento contábil seria um pouco diferente, pois:
   - **Uso do dinheiro:** estoques no valor de R$ 1.000,00.
   - **Origem do dinheiro:** saída do caixa no valor de R$ 1.000,00.

ATIVO		PASSIVO	
Caixa	4.000	—	—
Estoques	1.000	**Patrimônio líquido**	
		Capital social	5.000
Total	**5.000**	**Total**	**5.000**

Repare que, embora a compra seja a mesma, a origem do dinheiro foi diferente, pois no Exemplo 1 a empresa comprou os estoques a prazo e com isso não realizou nenhum desembolso no ato da compra, mas ficou devendo o valor da compra aos fornecedores. Já no Exemplo 2, a companhia comprou o estoque à vista, o que fez com que seu caixa já fosse reduzido no ato da compra.

No entanto, com essa operação, ela não contraiu nenhuma dívida. E, por essa diferença entre as operações, a empresa poderia ter gerado diferentes Balanços Patrimoniais.

Mas... você acha que é viável produzir um Balanço Patrimonial para cada operação? Claro que não! Imagine um supermercado ou um banco de grande porte, criando Balanços sucessivos a cada cliente que realizasse uma operação. Na verdade, isso é impensável! E é nesse ponto que podemos compreender com maior apoio na lógica, o método das partidas dobradas, que contabiliza individualmente as operações, guardando apenas os valores que entraram ou saíram de cada conta que a empresa mantém.

Para contabilizar essa operação de compra de estoques na empresa exemplo, são necessários dois livros contábeis:

Partidas Dobradas e seus Livros Contábeis;
Registro das Partidas Dobradas no Livro Diário

O diário é um livro contábil em que é feito o registro de todas as operações da empresa em sua ordem cronológica (por data). Nesses lançamentos, estão os endereços de arquivo dos documentos que deram base a essa operação, além das contas que foram impactadas pelo evento contabilizado.

Veja a seguir como podemos visualizar essa compra de estoques lançada no diário da empresa Bela Roupa: se ela comprou um estoque de malha para camiseta azul por R$ 1.000,00 a prazo do fornecedor Belo Pano, o lançamento contábil usará as seguintes contas:

Uso: débito.

Origem: crédito.

a) Uso do dinheiro: estoques no valor de R$ 1.000,00.

b) Origem do dinheiro: fornecedores a pagar no valor de R$ 1.000,00.

DIÁRIO				
Data	**Lançamento/ Documento**	**Descrição ou Histórico da operação**	**Valores**	
			Débito	**Crédito**
01/04/XX	105/20XX	Compra à vista Belo Pano		
		1.1.3.1.1.2 Estoque de malha azul	1.000	
		A 2.1.1.1.1 Belo Pano		1.000

Mas, caso a empresa tenha feito a mesma compra, com pagamento à vista, teremos outro lançamento. Veja a seguir:

DIÁRIO				
Data	Lançamento/ Documento	Descrição ou Histórico da operação	Valores	
			Débito	Crédito
01/04/XX	105/20XX	Compra à vista de estoques dos fornecedores Belo Pano		
		1.1.3.1.1.2. Estoque de malha azul	1.000	
		A 1.1.1 Caixa e equivalentes		1.000

Pela ordem de lançamento de um evento contábil no livro diário, o débito sempre é colocado antes dos créditos. E a letra A na frente da conta representa a(s) conta(s) creditada(s).

Vamos voltar ao Balanço Patrimonial para compreender melhor esse mecanismo das partidas dobradas. Repare no resumo a seguir:

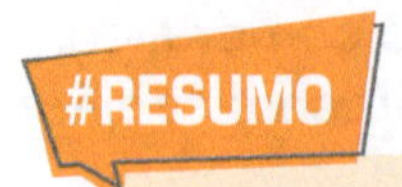

A cada crédito que a empresa recebe, são realizados um ou mais débitos que correspondam ao mesmo valor. Ou seja: **Débitos – Créditos = 0**

Ou ainda, dizendo o mesmo, mas de outra forma: **$\sum$ débitos = $\sum$ créditos**

Porque o **Ativo = Passivo + Patrimônio Líquido**

ATIVO	PASSIVO + PATRIMÔNIO LÍQUIDO
Uso do dinheiro Para onde foi o dinheiro	**Origem do dinheiro** De onde veio o dinheiro
Área devedora A empresa tem Ativos porque ela deve esses valores a seus capitais de origem, que são os Passivos e Patrimônio Líquido.	**Área credora** As pessoas físicas ou jurídicas que acreditaram na empresa forneceram capitais de terceiros e capital próprio para que a empresa possa desenvolver suas atividades.
Ativo **Bens e Direitos** Valores à disposição da empresa para que ela desempenhe suas atividades. **Obs.:** Estes valores são devedores porque foram formados pelos créditos obtidos juntos aos passivos e ao patrimônio líquido.	**Passivo** **Contas a pagar** Capital de Terceiros
	Patrimônio Líquido **Investimento dos sócios** Capital Próprio
A = P + PL	

Assim, se o Ativo é uma área devedora, porque a empresa só tem o que ela deve, a cada vez que ocorrer um aumento nas contas ativas, haverá um débito. E, para reduzir essas contas, serão registrados créditos.

Para as outras duas áreas do Balanço Patrimonial, que são as que representam as origens dos bens e direitos que estão na empresa, os aumentos nos valores dos Passivos e do Patrimônio Líquido são formados por créditos, enquanto suas reduções são feitas com débitos. Veja o resumo que segue.

ATIVO	PASSIVO + PATRIMÔNIO LÍQUIDO
Natureza devedora (Porque são o uso do dinheiro)	**Natureza credora** (Porque são a origem do dinheiro)
Aumentam com débitos	Aumentam com créditos
Diminuem com créditos	Diminuem com débitos

REGISTROS CONTÁBEIS NO LIVRO RAZÃO

Novamente, como o próprio nome diz, o livro razão tem origem na racionalização dos valores que são lançados cronologicamente no diário. Se utilizássemos apenas o diário, após o primeiro dia de lançamentos, já se tornaria bastante difícil identificar quanto a empresa tem de valores em cada conta que deverá compor, tanto o Balanço Patrimonial quanto a Demonstração de Resultados do Exercício até aquele momento. Assim, o razão apresenta as contas separadamente, mostrando qual valor foi debitado ou creditado em cada conta específica, qual foi a conta de contrapartida e o documento que gerou esse lançamento contábil. Assim, fica mais fácil e prático identificar o saldo de cada conta que comporá as demonstrações financeiras da empresa. Acompanhe os exemplos a seguir.

#EXEMPLO PRÁTICO

1. Para este lançamento realizado no diário, haverá um desdobramento do diário nas contas do razão:

DIÁRIO				
Data	**Lançamento/ Documento**	**Descrição ou Histórico da operação**	**Valores**	
			Débito	**Crédito**
01/04/XX	105/20XX	Compra a prazo de estoques dos fornecedores Belo Pano.		
		1.1.3.1.1.2. Estoque de malha azul	1.000	
		A 2.1.1.1.1. Belo Pano		1.000

2. Veja um exemplo do lançamento acima em um razão contábil:

EMPRESA BELA ROUPA			ANO: 20XX	
Nº da conta: 1.1.3.1.1.2.			Conta: Estoque de Malha Azul	
Data	**Histórico**	**Débito**	**Crédito**	**Saldo**
01/04/XX	Compra a prazo de estoques do fornecedor Belo Pano	1.000		1.000

Este saldo de R$ 1.000,00 em estoques será apresentado no Balanço Patrimonial no Ativo.

EMPRESA BELA ROUPA			ANO: 20XX	
Nº da conta: 2.1.1.1.1.			Conta: Fornecedor Belo Pano	
Data	**Histórico**	**Débito**	**Crédito**	**Saldo**
01/04/XX	Compra a prazo de estoques de malha azul		1.000	1.000

Este saldo de R$ 1.000,00 em fornecedores a pagar será apresentado no Balanço Patrimonial no Passivo. Mas a partir de agora, podemos resumir o razão em razonetes, que são uma maneira de treinar a contabilidade pelos exercícios que vêm a seguir, além de criar um raciocínio contábil lógico para compreender essa relação entre os débitos e créditos.

Para simplificar o raciocínio e tornar o exemplo mais didático, utilizaremos o razão em formato T e atribuiremos a cada conta T (razonete) os débitos no lado esquerdo e os créditos no lado direito, representando individualmente as contas que estão sendo movimentadas em cada lançamento contábil e que, ao final do período, serão a base para a realização do Balanço Patrimonial e as demais demonstrações financeiras encerradas em cada período.

Conta

Débitos	**Créditos**

1.1.3.1.1.2.
Estoque Malha Azul

R$ 1.000	

2.1.1.1.1.
Fornecedor Belo Pano

	R$ 1.000

Nas empresas, o razão representa um relatório individual de cada conta com todas as informações pertinentes aos lançamentos contábeis.

Ao somarmos todas as "fichas" razão de estoques, teremos uma conta unificada que será publicada no Balanço Patrimonial. Vejamos porque isso acontece...

Ao voltarmos para o plano de contas, fizemos um "corte" para exemplificar pela conta de estoques:

1.1.3 Estoques
1.1.3.1 Matérias-primas
1.1.3.1.1 Malha para camisetas
1.1.3.1.1.1 Malha branca
1.1.3.1.1.2 Malha azul
1.1.3.1.1.3 Malha vermelha
1.1.3.1.1.4 e assim por diante
1.1.3.1.2 Jeans
1.1.3.1.3 Malha para calças
1.1.3.1.4 e assim por diante
1.1.3.2 Estoque em elaboração
1.1.3.3 Estoque em poder de terceiros
1.1.3.4 Estoque de produtos acabados
1.1.3.5 Estoque em trânsito
1.1.3.6 e assim por diante

A conta de estoques, por exemplo, assim como várias outras contas, serão apresentadas nas demonstrações financeiras com seu saldo total. Portanto, identificamos anteriormente que todos os estoques de malhas foram selecionados. A soma de todos eles comporá o valor do estoque de malhas. E, somando o estoque de malhas ao de jeans, obteremos o estoque de matérias-primas. E assim por diante... Ou seja, ao somarmos todos os saldos individuais das contas, teremos um saldo total da conta de estoques.

RAZÃO ANALÍTICO	RAZÃO SINTÉTICO
As contas individuais do razão formam o razão analítico.	As contas do razão que são apresentadas nas Demonstrações Financeiras vêm do razão sintético.

A seguir, faremos um exercício para consolidar esse novo conhecimento.

A Empresa Bela Roupa já está aberta há alguns anos e apresentou o seguinte Balanço Patrimonial:

ATIVO		PASSIVO	
Caixa e bancos	10.450	Fornecedores a pagar	500
Contas a receber	3.000	Empréstimos a pagar	1.000
		Juros a pagar	100
Máquinas	2.000	**Patrimônio líquido**	
		Capital social	12.000
		Lucro	1.850
Total	15.450	**Total**	15.450

Inicialmente, vamos fazer alguns lançamentos que não envolvam lucro ou prejuízo, pois assim utilizaremos apenas as contas do Ativo, Passivo e Patrimônio Líquido. Portanto, com base no Balanço Patrimonial anterior, contabilize os seguintes fatos contábeis, utilizando os lançamentos de diário e razão para formar o novo Balanço Patrimonial.

a) 02/01/XX: Compra a prazo de estoques por R$ 1.000,00.

b) 02/01/XX: Pagamento da dívida relativa aos fornecedores.

c) 04/01/XX: Compra à vista de móveis e utensílios por R$ 2.000,00.

d) 06/01/XX: Pagamento dos juros devidos.

e) 08/01/XX: Entrada de mais um sócio que traz veículos no valor de R$ 2.000,00 como capital social.

f) 13/01/XX: Obtenção de um novo empréstimo de R$ 1.000,00.

g) 13/01/XX: Aplicação financeira de R$ 4.000,00 retirados do caixa.

h) 15/01/XX: Recebimento de 50% das contas a receber.

Para iniciar esse exercício, será necessário lançar os saldos do balanço inicial em razonetes. Para cada fato contábil, faremos um lançamento no diário e outro no razão (representado pelos razonetes). Ao final, encontraremos os saldos de cada razonete para então concluirmos o novo Balanço Patrimonial.

Veja como:

Usaremos SI para identificar os saldos iniciais, que são os que foram extraídos do balanço inicial anterior; e, para cada lançamento, colocaremos o número do lançamento ao lado de seu valor nos razonetes.

Veja a seguir a solução deste exemplo:

#EXEMPLO PRÁTICO

DATA	Nº LANÇAMENTOS	DESCRIÇÃO	VALORES	
			DÉBITOS	CRÉDITOS
2	1	Compra a prazo de estoques		
		D: estoques	1.000	
		C: fornecedores a pagar		1.000
2	2	Pagamento a fornecedores		
		D: fornecedores a pagar	1.500	
		C: caixa		1.500
4	3	Compra a prazo de móveis e utensílios		
		D: móveis e utensílios	2.000	
		C: caixa		2.000
6	4	Pagamento de juros		
		D: juros a pagar	100	
		C: caixa		100
8	5	Entrada de um novo sócio		
		D: veículos	2.000	
		C: capital social		2.000
13	6	Obtenção de um empréstimo		
		D: caixa	1.000	
		C: empréstimos a pagar		1.000
13	7	Aplicação financeira		
		D: aplicações financeiras	4.000	

DATA	Nº LANÇAMENTOS	DESCRIÇÃO	VALORES	
			DÉBITOS	CRÉDITOS
		C: caixa		4.000
15	8	Recebimento de contas a receber		
		D: caixa	3,000	
		C: contas a receber		3,000

Veja os lançamentos do livro diário anterior, refletidos no livro razão da companhia.

Caixa		Contas a receber		Máquinas		Estoques	
(SI)10.450	1.500(2)	(SI)3.000	3.000(8)	(SI)2.000		(1)1.000	
(6)1.000	2.000(3)						
(8)3.000	100(4)						
	4.000(7)						
6.850		0		2.000		1.000	

Móveis e utensílios		Veículos		Aplicações financeiras			
(3)2.000		(5)2.000		(7)4.000			
2.000		2.000		4.000			

Fornecedores a pagar		Empréstimos a pagar		Juros a pagar			
(2)1.500	500(SI)		1.000(SI)	(4)100	100(SI)		
	1.000(1)		1.000(6)				
	0		2.000		0		

Capital social		Lucro					
	12.000(SI)		1.850(SI)				
	2.000(5)						
	14.000						

Veja como ficará o novo Balanço Patrimonial, lembrando que as contas com saldo zero não serão apresentadas no demonstrativo a seguir:

ATIVO		PASSIVO	
Caixa e bancos	6.850	Empréstimos a pagar	2.000
Aplicações financeiras	4.000		
Estoques	1.000		
Móveis e utensílios	2.000		
Máquinas	2.000	**Patrimônio líquido**	
Veículos	2.000	Capital social	14.000
		Lucro	1.850
Total	**17.850**	**Total**	**17.850**

Como você pôde acompanhar pelo exercício realizado, a cada lançamento contábil, fizemos um lançamento no diário e repetimos esse fato no razão, movimentando os valores apenas nas contas envolvidas em cada fato da contabilidade. Após isso, fechamos os saldos de cada razonete pela seguinte conta:

$\sum$ débitos - $\sum$ créditos = saldo de cada razonete.

#OBSERVAÇÃO

Espera-se que, para as contas de Ativo que representem os bens e direitos da empresa, os saldos dos razonetes que serão enviados ao Balanço Patrimonial sejam devedores e, para as contas de Passivo e de Patrimônio Líquido que representem as obrigações da companhia, os saldos sejam credores.

#IMPORTANTE

Uma conta de Ativo terá o saldo credor quando representar uma conta de ajuste a uma conta de Ativo originalmente lançada em débito, que já não vale o equivalente a seu valor originalmente contabilizado. Por exemplo, uma conta destinada a reconhecer os devedores duvidosos de uma conta a receber, ou a depreciação acumulada de uma conta do imobilizado, e assim por diante. Esse assunto será tratado mais à frente em capítulo específico para os ajustes das contas do Balanço Patrimonial. Vale dizer o mesmo para as contas de Patrimônio Líquido. Assim, por exemplo, um prejuízo ou uma conta de capital que ainda não foi integralizado, ou mesmo um ajuste de avaliação patrimonial para perda, pode ser representado com seu saldo devedor, pois terá a função de ajustar os valores do Patrimônio Líquido à realidade mais baixa que de seu valor original.

#RESUMO

Por natureza: Ativos têm saldos originalmente devedores; Passivos e Patrimônio Líquido têm saldos originalmente credores.

Contas que ajustam os Ativos são credoras. Patrimônio Líquido são devedoras, pois são apresentadas de forma inversa à natureza das contas dessas áreas do Balanço Patrimonial

Agora, para aprofundar um pouco mais o nosso conhecimento, faremos um exercício com lucro. Partiremos do seguinte Balanço Patrimonial inicial:

ATIVO		PASSIVO	
Caixa e bancos	6.850	Empréstimos a pagar	2.000
Aplicações financeiras	4.000		
Estoques	1.000		
Móveis e utensílios	2.000		
Máquinas	2.000	**Patrimônio líquido**	
Veículos	2.000	Capital social	14.000
		Lucro	1.850
Total	**17.850**	**Total**	**17.850**

A empresa teve as seguintes operações no período:

a) 10/03: Resgate das aplicações financeiras com lucro de 10% sobre o valor resgatado.

b) 10/03: Venda a prazo dos estoques por R$ 2.000,00.

c) 11/03: Pagamento de juros sobre os empréstimos no valor de R$ 100,00.

d) 15/03: Venda à vista das máquinas por R$ 1.500,00.

e) 16/03: Nova aplicação financeira de R$ 2.000,00.

f) 20/03: Recebimento das contas a receber com juros de R$ 200,00.

g) 22/03: Resgate da nova aplicação financeira com prejuízo de R$ 200,00.

h) 25/03: Reconhecimento da dívida referente ao aluguel a pagar no próximo mês R$ 300,00.

Pede-se o registro destes eventos anteriores nos livros diário e razão. Ao final, elabore um novo Balanço Patrimonial.

DATA	Nº LANÇAMENTO	DESCRIÇÃO	VALORES	
			DÉBITOS	CRÉDITOS
10/03	1	Resgate das aplicações financeiras com lucro de 10% sobre o valor resgatado		
		D: caixa e bancos	4.400	
		C: aplicações financeiras		4.000
		C: lucros acumulados		400
10/03	2	Venda a prazo dos estoques		
		D: contas a receber	2.000	
		C: estoques		1.000
		C: lucros acumulados		1.000
11/03	3	Pagamento de juros sobre os empréstimos		
		D: lucros acumulados (reconhecimento de uma perda)	100	
		C: caixa		100
15/03	4	Venda a vista das máquinas		
		D: caixa	1.500	

DATA	Nº LANÇAMENTO	DESCRIÇÃO	VALORES	
			DÉBITOS	CRÉDITOS
		D: lucros acumulados	500	
		C: máquinas		2.000
16/03	5	Nova aplicação financeira de R$ 2 mil		
		D: aplicação financeira	2.000	
		C: caixa		2.000
20/03	6	Recebimento das contas a receber com juros de 10%		
		D: caixa	2.200	
		C: contas a receber		2.000
		C: lucros acumulados		200
22/03	7	Resgate da nova aplicação financeira com prejuízo de R$ 200		
		D: caixa e bancos	1.800	
		D: lucros acumulados	200	
		C: aplicações financeiras		2.000
25/03	8	Reconhecimento da dívida do aluguel do mês		
		D: lucros acumulados	300	
		C: aluguéis a pagar		300

Veja os lançamentos do livro diário anterior refletidos no livro razão da companhia.

Caixa	
(SI)6.850	100(3)
(1)4.400	2.000(5)
(4)1.500	
(6)2.200	
(7)1.800	
14.650	

Aplicações financeiras	
(SI)4.000	4.000(1)
(5)2.000	2.000(7)
0	

Estoques	
(SI)1.000	1.000(2)
0	

Móveis e utensílios	
(SI)2.000	
2.000	

Máquinas	
(SI)2.000	2.000(4)
0	

Veículos	
(SI)2.000	
2.000	

Contas a receber	
(2)2.000	2.000(6)
0	

Empréstimos a pagar		Aluguéis a pagar		Capital social		Lucros acumulados	
	2.000(SI)		300(8)		1.,000(SI)	(3)100	1.850(SI)
						(4)500	400(1)
						(7)200	1.000(2)
						(8)300	200(6)
							2.350

Veja o novo balanço depois dessas operações:

ATIVO		PASSIVO	
Caixa e bancos	14.650	Empréstimos a pagar	2.000
Móveis e utensílios	2.000	Aluguéis a pagar	300
Veículos	2.000	**Patrimônio líquido**	
		Capital social	14.000
		Lucro	2.350
Total	**18.650**	**Total**	**18.650**

Por esse exercício, você pôde acompanhar que cada movimento de ganho ou de perda que impacta o resultado do período trará seu reflexo na conta de lucros ou prejuízos da empresa. Aqui usamos lucros ou prejuízos acumulados para clarear o entendimento acerca do movimento gerado sobre o Patrimônio Líquido.

Mas cabe lembrar que essa conta, lucros ou prejuízos acumulados é utilizada nas Pequenas e Médias Empresas (PMEs). As demais empresas terão essas contas separadas no patrimônio líquido sob os seguintes nomes: reserva de lucros e prejuízos acumulados para as perdas que as reservas de lucros não cobrem.

As contas de resultado, como vimos no Capítulo 3, têm por objetivo calcular o lucro ou o prejuízo de cada período. Para que isso aconteça, cada lançamento contábil que contiver alguma movimentação relativa a algum ganho ou a algum gasto terá seu valor lançado tanto nas contas que farão parte do Balanço Patrimonial quanto nas contas de resultado.

Vamos lembrar que a receita representa os ganhos da empresa, enquanto os custos e as despesas representam os gastos que a companhia realizou.

Agora, vamos pensar juntos!

Se as contas de resultado calculam o lucro ou prejuízo de um determinado período e se esse resultado vai influir no Patrimônio Líquido, podemos afirmar que as contas de resultado devem ter a mesma natureza que as contas de Patrimônio Líquido. Portanto, vale dizer que:

Receitas são ganhos; aumentam o Patrimônio Líquido pela via do lucro, ou pela possibilidade de que ele ocorra; portanto, são contas com natureza credora. Custos e **despesas** são gastos; diminuem o Patrimônio Líquido pela via do prejuízo ou pela possibilidade de redução do lucro; portanto são contas com natureza devedora.

Para melhor compreensão, apresentaremos um exemplo do que acabamos de ver:

#EXEMPLO PRÁTICO

Imagine uma empresa com o seguinte Balanço Patrimonial inicial:

ATIVO		PASSIVO E PATRIMÔNIO LÍQUIDO	
Caixa	1.000	Fornecedores a pagar	1.000
Estoques	1.000	**Patrimônio líquido**	
Máquinas	1.000	Capital social	2.000
Total	**3.000**	**Total**	**3.000**

Esta empresa teve dois eventos contábeis num período:

a) 01/02/XX: Venda à vista dos estoques por R$ 2.500,00.

b) 05/02/XX: Cálculo da depreciação do ano sobre as máquinas, utilizando uma taxa de depreciação de 10% ao ano.

Vamos ver a solução por dois métodos:

1 Por balanços sucessivos

BALANÇO INICIAL			
Ativo		**Passivo e Patrimônio líquido**	
Caixa	1.000	Fornecedores a pagar	1.000
Estoques	1.000	**Patrimônio líquido**	
Máquinas	1.000	Capital social	2.000
Total	**3.000**	**Total**	**3.000**

a) Contabilizando o 1º evento: 01/02/XX – Venda à vista dos estoques por R$ 2.500,00. Não consideraremos os impostos da operação. Teremos as seguintes movimentações:

ATIVO			PASSIVO	
Caixa		3.500	Fornecedores a pagar	1.000
Estoques		-------	**Patrimônio líquido**	
Máquinas		1.000	Capital social	2.000
			Lucro	1.500
Total		**4.500**	**Total**	**4.500**

Na Demonstração de Resultado do Exercício, o lançamento realizado para gerar o lucro apontado no Balanço Patrimonial anterior foi o seguinte:

CONTAS	VALORES
Receita de Vendas	2.500
(-) Custo da mercadoria vendida	(1.000)
Lucro Bruto Operacional	1.500
Lucro Líquido	1.500

Ao contabilizarmos o segundo evento, teremos a seguinte situação:

ATIVO		PASSIVO	
Caixa	3.500	Fornecedores a pagar	1.000
		Patrimônio líquido	
Máquinas	1.000	Capital social	2.000
(-) depreciação acumulada	(100)	Lucro	1.400
Total	**4.400**	**Total**	**4.400**

A depreciação é o reconhecimento do desgaste do equipamento que a empresa tem e que está destinado ao seu uso produtivo. É uma conta que aparece negativa no Ativo, pois trata-se de um ajuste de uma conta que já foi registrada no passado (e por isso não pode ter seu valor alterado), quando ocorreu a aquisição desse equipamento (máquinas, no caso deste exercício).

CONTAS	VALORES	
	1º evento	**2º evento**
Receita de Vendas	2.500	
(-) Custo da mercadoria vendida	(1.000)	
Lucro Bruto Operacional	1.500	
(-) despesas operacionais		(100)
Lucro Líquido	**1.500**	**(100)**

4.3 MÉTODO DAS PARTIDAS DOBRADAS

Se fizermos a mesma contabilização usando o método tradicional das partidas dobradas, teremos a seguinte situação:

Vamos retirar os saldos iniciais do Balanço Patrimonial inicial:

DATA	Nº LANÇAMENTOS	DESCRIÇÃO	VALORES	
			DÉBITOS	CRÉDITOS
01/02	1	Venda à vista de estoques conforme nota fiscal XXXXX		
		Caixa	2.500	
		A Receita com vendas		2.500
		CMV (custo da mercadoria vendida)	1.000	

DATA	Nº LANÇAMENTOS	DESCRIÇÃO	VALORES	
			DÉBITOS	CRÉDITOS
		A: estoques		1.000
05/02	2	Cálculo da depreciação do ano para as máquinas		
		Despesa operacional	100	
		A: depreciação acumulada		100

Para apurar o resultado e posteriormente fechar o Balanço Patrimonial, utilizaremos letras como referência ao lançamento da apuração do lucro ou do prejuízo do período.

DATA	Nº LANÇAMENTOS	DESCRIÇÃO	DÉBITOS	CRÉDITOS
05/02		Apuração do resultado		
	A	Receita de vendas	2.500	
		A ARE (Apuração do Resultado do Exercício)		2.500
	B	ARE	1.000	
		A CMV		1.000
	C	ARE	100	
		A: despesas operacionais		100
05/02	D	Reconhecimento do lucro		
		ARE (apuração do resultado do exercício - ano contábil)	1.400	
		A Lucro		1.400

CONTAS DE ATIVO

Caixa		Estoques		Máquinas		Depreciação Acumulada	
(SI)1.000		(SI)1.000	1.000(1)	(SI)1.000			100(2)
(1)2.500		--------		1.000			100
3.500							

CONTAS DE PASSIVO E PATRIMÔNIO LÍQUIDO

Fornecedores a pagar		Capital Social		Lucro	
	1.000(SI)		2.000(SI)		1.400(d) ←(ARE)
	1.000		2.000		

CONTAS DE RESULTADO							
Receita Vendas		Custos		Despesas Operacionais		(ARE) Apuração do Resultado	
(a)2.500	2.500(1)	(1)1.000	1.000(b)	(2)100	100(c)	(b)1.000	2.500(a)
ARE←			→ARE		→ARE	(c)100	
						1.100	2.500
						(d)1.400 →lucro	1.400

@ NOTA!

Para apurar o resultado do período, é preciso levar todas as contas de ganhos (receitas) e de gastos (custos e despesas) para uma única conta, que chamamos de Apuração do Resultado do Exercício (ARE).

E, para separar os lançamentos dos eventos contábeis dos lançamentos de apuração de resultados, utilizamos letras em vez de números para esses últimos.

Após o cálculo dos saldos de cada razonete, será possível apresentar o Balanço Patrimonial e a Demonstração de Resultados do Exercício.

ATIVO		PASSIVO	
Caixa	3.500	Fornecedores a pagar	1.000
Estoques	-------	**Patrimônio líquido**	
Máquinas	1.000	Capital social	2.000
		Lucro	1.500
Total	**4.500**	**Total**	**4.500**

DEMONSTRAÇÃO DE RESULTADOS DO EXERCÍCIO	
Contas	**Valores**
Receita de Vendas	2.500
(-) Custo da mercadoria vendida	(1.000)
Lucro Bruto Operacional	1.500
(-) despesas operacionais	(100)
Lucro Líquido	1.400

Agora, vamos fazer alguns lançamentos no próximo exemplo do item 4.3 para consolidar melhor esse novo saber:

BALANCETE DE VERIFICAÇÃO

O Balancete de verificação é a listagem de todas as contas da contabilidade de uma empresa, em que se colocam os saldos iniciais devedores ou credores, retirados do Balanço Patrimonial encerrado no período anterior. A esses saldos são somados todos os débitos somados e todos os créditos somados que cada conta teve durante o exercício que está sendo encerrado, para que seja possível apurar os saldos finais que formarão as novas demonstrações financeiras do período que está sendo contabilizado.

Há balancetes de diversos formatos (duas, quatro ou seis colunas), porém o mais comum é o de seis colunas, que apresenta saldos iniciais, débito e créditos do período e saldos finais. Veja o exemplo a seguir:

#EXEMPLO PRÁTICO

BALANCETE DE VERIFICAÇÃO - PERÍODO XXXX						
Contas	**Saldos iniciais**		**Movimentação do período**		**Saldos finais**	
	Débitos	**Créditos**	**Débitos**	**Créditos**	**Débitos**	**Créditos**
Total						

Normalmente, esse relatório também pode ser utilizado como uma ferramenta de gestão, como uma primeira análise dos resultados de cada departamento, pois identifica as receitas e as despesas produzidas individualmente pelos produtos ou departamentos da companhia. Por isso, pode ser um auxílio no desenvolvimento do planejamento orçamentário, pois fornece os dados importantes para as tomadas de decisões em níveis tático e operacional do negócio.

Vamos desenvolver um exercício com base no exemplo que acabamos de resolver. Pede-se para listar os saldos iniciais do razão, acrescentar os débitos e créditos do período e calcular os saldos finais. Acompanhe o raciocínio a seguir:

Com base no exemplo anterior, prepare o balancete de verificação da empresa.

BALANCETE DE VERIFICAÇÃO - PERÍODO XXXX						
Contas	**Saldos Iniciais**		**Movimentação do período**		**Saldos Finais**	
	Débitos	**Créditos**	**Débitos**	**Créditos**	**Débitos**	**Créditos**
Caixa	1.000	-	2.500	-	3.500	-
Estoques	1.000	-	-	1.000	-	-
Máquinas	1.000	-	-	-	1.000	-
Depreciação acumulada	-	-	-	100	-	100
Fornecedores a pagar	-	1.000	-	-	-	1.000
Capital social	-	2,000	-	-	-	2,000
Lucro	-	-	-	1.400	-	1.400
Receita de vendas	-	-	2.500	2.500	-	-
Custos	-	-	1.000	1.000	-	-
Despesas operacionais	-	-	100	100	-	-
Total	**3.000**	**3.000**	**6.100**	**6.100**	**4.500**	**4.500**

Então, temos:

ATIVO		PASSIVO	
Caixa e bancos	14.650	Empréstimos a pagar	2.000
Móveis e utensílios	2.000	Aluguéis a pagar	300
Veículos	2.000	**Patrimônio líquido**	
		Capital social	14.000
		Lucro	2.350
Total	**18.650**	**Total**	**18.650**

A empresa teve as seguintes operações no período:

a) Compra a prazo de estoques por R$ 2.000,00.

b) Venda à vista de metade dos estoques por R$ 4.000,00.

c) Entrada de um novo sócio que integralizará o capital social de R$ 5.000,00, em 3 dias.

d) Cálculo dos juros a pagar dentro de um mês, no valor de R$ 200,00.

e) Pagamento dos aluguéis a pagar.

f) Integralização do capital que estava em aberto, em dinheiro.

g) Venda a prazo do restante dos estoques por R$ 3.000,00.

h) Aplicação financeira de R$ 2.000,00.

i) Pagamento a fornecedores com juros de 10% sobre o valor pago.

j) Recebimento das contas a receber com juros de 10% sobre o valor recebido.

Pede-se que você faça a contabilização desses fatos usando o método das partidas dobradas (débitos e créditos) e faça os registros contábeis no diário e no razão. Antes de fechar o Balanço Patrimonial, elabore o balancete de verificação de seis colunas, como no exemplo que fizemos neste capítulo.

Se você acertou entre oito e dez lançamentos, parabéns! Siga em frente!

Caso você tenha acertado entre um e seis lançamentos, é melhor reler o capítulo para reforçar seu conhecimento um pouco mais. Lembre-se de que você ainda está na fase inicial do seu conhecimento, e, como já dissemos anteriormente, os primeiros passos construirão seu alicerce do conhecimento deste tema!

#ESTUDE MAIS

- IUDÍCIBUS, Sérgio de; MARTINS, Eliseu; CARVALHO, L. Nelson. Contabilidade: aspectos relevantes da epopeia de sua evolução. **Revista Contabilidade & Finanças**, v. 16, n. 38, p. 7-19, 2005.

#RECORDAR

Neste capítulo, você viu conceitos fundamentais para a compreensão do que vem a seguir; pois abordamos a metodologia de contabilização utilizada na prática e no raciocínio contábil, bem como os livros de registro das operações contábeis.

Vimos essencialmente o método das partidas dobradas, em que a soma dos débitos é igual à dos créditos. Isso porque a empresa sempre mostrará em sua contabilidade a origem e o uso dos capitais aplicados na companhia para que ela desempenhe seus negócios.

Finalizando o capítulo, mostramos o balancete de verificação como uma fase prévia à elaboração final do Balanço Patrimonial e da Demonstração de Resultados do Exercício.

#NA PRÁTICA

Veja um exemplo de uma empresa do segmento de varejo cujas demonstrações financeiras foram publicadas em 2017, referentes ao ano de 2016, no site: <https://goo.gl/LqKWQx>. Acesso em: 29 out. 2018.

Nas demonstrações financeiras publicadas, você poderá visualizar o plano de contas pela numeração das contas ali apresentadas.

Bons estudos!

1 O que são os débitos de uma empresa?

2 O que são os créditos de uma empresa?

3 Qual é a finalidade de se fazer um balancete de verificação?

4 Qual é a função do diário de uma empresa?

5 O que é o livro razão?

6 Por que os aumentos do Ativo são débitos e os dos ganhos são créditos?

7 Por que a empresa utiliza as partidas dobradas para sua contabilização?

8 Quais são os principais livros para o registro das operações de uma empresa?

9 Por que as receitas são credoras e por que as despesas são devedoras?

CLASSIFICAÇÃO DAS CONTAS

Neste capítulo, você...

... conhecerá a ordem de classificação para apresentação das contas do Balanço Patrimonial. Este capítulo é muito importante para que você, ao ler um Balanço Patrimonial, tenha o pleno conhecimento dos fundamentos que nortearam a classificação e apresentação das contas nessa demonstração.

No final do capítulo, você...

... compreenderá a natureza das operações refletidas nas contas e nas áreas das demonstrações em estudo. Isso permitirá a maior compreensão da importância de cada área para o negócio em análise.

5.1 FUNDAMENTOS

A leitura de uma demonstração financeira, além de trazer as informações sobre a empresa à qual ela se refere, deve permitir a comparação entre as demonstrações financeiras produzidas e/ou divulgadas ao longo dos anos, tanto em relação à própria empresa quanto em relação a outras empresas, quer sejam do mesmo ramo ou de diferentes ramos de atuação.

Essa comparabilidade é fundamental para determinadas tomadas de decisões e só é possibilitada pela padronização da apresentação das contas, que estão organizadas e apresentadas nas demonstrações financeiras, de acordo com sua natureza e seu prazo de vencimento, ou de concretização do evento que representam.

5.2 DIVISÃO DAS CONTAS DO BALANÇO PATRIMONIAL

O Balanço Patrimonial, assim como as outras demonstrações financeiras, tem uma lógica de apresentação por área, semelhança e natureza das contas. E, como já temos visto ao longo deste livro, registra os fatos contábeis que ocorrem em uma empresa. Para isso, ela não se atém exclusivamente aos documentos que embasam a contabilização de um fato, mas também, e principalmente, é importante que a Contabilidade esteja ciente da intenção da origem de cada fato, pois apenas assim poderá discernir sobre a classificação e o endereçamento dos eventos contábeis para as contas que representem corretamente seu registro.

5.2.1 Divisão dos valores quanto aos prazos: curto e longo prazos

No Balanço Patrimonial, as contas estão divididas em prazos (curto e longo). Esse conceito não se aplica à Demonstração de Resultados do Exercício, pois suas contas são apresentadas em formato dedutivo, com a função de chegarem ao cálculo do resultado de um único período (lucro ou prejuízo), conforme vimos anteriormente.

Como a visão de curto e longo prazos é bastante subjetiva para a Contabilidade, foi instituído que o curto prazo (Circulante) seja referente a um período contábil, que é o intervalo de tempo que existe entre o encerramento de um Balanço Patrimonial e outro. E o longo prazo (também chamado de Não Circulante) é o período relativo às contas que vencem ou que se concretizarão após um período contábil.

Os valores de curto prazo fazem parte do Circulante, tanto no Ativo quanto no Passivo do Balanço Patrimonial.

Os valores do longo prazo estão registrados no Não Circulante também tanto do Ativo quanto do Passivo.

#EXEMPLO PRÁTICO

Se um empréstimo a pagar de R$ 1.800,00 for tomado para ser devolvido em 18 parcelas de R$ 100,00 cada uma, nos 18 meses seguintes aos da tomada do empréstimo, e considerando que o período contábil da empresa seja de 12 meses (que é o que acontece na maioria das empresas), como será a contabilização desse fato?

- **Débito:** caixa e bancos R$ 1.800,00 (pela entrada do dinheiro na empresa).
- **Crédito:** empréstimos a pagar a curto prazo R$ 1.200,00 (a pagar a partir do mês seguinte ao da tomada do valor)
- **Crédito:** empréstimos a pagar de longo prazo R$ 600,00 (a pagar no ano subsequente ao atual, terminando as parcelas devidas no ano subsequente ao do curto prazo).

Vamos visualizar esse lançamento no razão:

Caixa		Empréstimos a pagar curto prazo		Empréstimos a pagar longo prazo	
1.800			1.200		600

O Balanço Patrimonial dessa operação será:

ATIVO		PASSIVO	
Ativo Circulante		**Passivo Circulante**	
Caixa e equivalentes	1.800	Empréstimos a pagar de curto prazo	1.200
Ativo Não Circulante		**Passivo Não Circulante**	
		Exigível a Longo Prazo Empréstimos a pagar de curto prazo	600
		Patrimônio Líquido	
Total ↑ - efeito no balanço	**1.800**	**Total ↑ - efeito no balanço**	**1.800**

Repare que este Balanço Patrimonial traz apenas o efeito deste lançamento contábil do nosso exemplo. Logicamente, numa empresa em atividade, haveria mais uma infinidade de contas relativas a todas as operações que a empresa vem fazendo.

Na sequência, vamos ver um resumo das principais áreas em que as contas que compõem um Balanço Patrimonial estão divididas.

PLANO DE CONTAS

No Capítulo 4, já falamos um pouco a respeito do plano de contas, com o intuito de exemplificar como o contador utiliza essa lista de contas para lançar adequadamente os fatos contábeis nas contas corretas, garantindo com isso a qualidade das informações apresentadas quando da divulgação do seu Balanço Patrimonial e demais demonstrações financeiras do período.

A função do plano de contas de uma empresa é a de organizar e de endereçar as contas em que serão realizados os registros dos fatos contábeis da companhia. Cada empresa forma um plano de contas de acordo com suas necessidades. No entanto, há contas que têm um nome padrão ou, ainda, tem nomes "lógicos", coerentes com os valores e operações que ali estão registrados. Como o caixa da empresa, por exemplo.

Quanto maior a complexidade do negócio, usualmente, maior será a complexidade de suas operações, envolvendo contas mais específicas e com tratamento contábil mais detalhado. Mas de forma mais introdutória ao conhecimento da Contabilidade, podemos detalhar o Balanço Patrimonial anterior da seguinte maneira:

a) Detalhamento das contas do Balanço Patrimonial

Veja no quadro a seguir as principais contas que formam as áreas do Balanço Patrimonial.

Vale lembrar que o plano de contas da empresa está dividido em contas sintéticas e analíticas.

As contas sintéticas são as que resumem todas as subcontas de uma mesma natureza e apresentam os saldos divulgados nas demonstrações financeiras. As subcontas são as contas analíticas. Vamos ver como é:

#EXEMPLO PRÁTICO

Se a empresa tiver contas bancárias abertas em cinco bancos diferentes com os seguintes saldos:

- Banco 1: R$ 5.000,00;
- Banco 2: R$ 3.000,00;
- Banco 3: R$ 2.000,00;
- Banco 4: R$ 8.000,00;
- Banco 5: R$ 2.000,00.

o valor que a companhia publicará no Balanço Patrimonial, como dissemos anteriormente, é o valor sintético da conta bancos, que é a soma de todos os saldos desses bancos anteriormente detalhados, formando um total de R$ 20.000,00.

No entanto, na contabilidade interna e no balancete de verificação da empresa, os controles e os saldos individuais (contas analíticas) continuarão sendo tratados individualmente. Esse conceito vale para todas as contas do plano de contas de cada empresa.

Resumo sobre a classificação geral das contas apresentadas no Balanço Patrimonial:

ATIVO	PASSIVO	
Usos do dinheiro Bens e direitos da empresa	**Fontes de financiamento capital de terceiros e de proprietários**	**Contas a pagar**
Circulante	**Circulante**	
Caixa e equivalentes a caixa	Empréstimos e financiamentos	
Aplicações financeiras de curto prazo	Fornecedores	
Clientes	Salários e obrigações sociais	
Estoques	Obrigações tributárias	
Impostos a recuperar	Dividendos a pagar	
Valores pagos antecipadamente	Contas de consumo a pagar	
Despesas pré-pagas	Outras obrigações	
Total Ativo Circulante	**Total Passivo Circulante**	
Não Circulante	**Não Circulante**	
Realizável a longo prazo	**Exigível a longo prazo**	
Aplicações financeiras	Empréstimos e financiamentos	
Títulos a receber	Obrigações sociais e tributárias	
Impostos a recuperar	Provisão para contingências	
Impostos diferidos	Outras obrigações	
Depósitos judiciais	**Total Passivo Não Circulante**	
Clientes		
Outros direitos	**Total Passivo**	
Total realizável a longo prazo		
Ativo Permanente	**Patrimônio líquido**	**Obrigações para com os Proprietários**
Investimentos	Capital social	
Imobilizado	Reservas de lucros	
Intangível	Ações em tesouraria	
Total Permanente	Ajustes de avaliação patrimonial	
Total Ativo Não Circulante	**Total do Patrimônio líquido**	
Total Ativo	**Total Passivo + Patrimônio líquido**	

Exemplo parcial de um plano de contas baseado nas principais contas do Balanço Patrimonial (apresentado no exemplo anterior):

ATIVO - GRUPO 1	PASSIVO - GRUPO 2	
Usos do dinheiro **Bens e direitos da empresa**	**Fontes de financiamento capital de terceiros e de proprietários**	
1.1 Ativo Circulante	**2.1. Circulante**	
1.1.1 Caixa e equivalentes a caixa	2.1.1 Empréstimos e financiamentos	
1.1.1.1 Caixa	2.1.1.1 Banco Júpiter	
1.1.1.2 Bancos	2.1.1.2 Banco Marte	
1.1.1.2.1 Banco Progresso	2.1.2 Fornecedores	
1.1.1.2.2 Banco Solar	2.1.2.1 Fornecedor Pontual	
1.1.1.2.3 Banco Aquático	2.1.2.2 Fornecedor Boa Parceria	
E assim por diante para todas as contas de cada parte do Balanço Patrimonial, bem como para as contas de resultado que são divulgadas na Demonstração de Resultados do Exercício.		
1.1.1.3 Aplicações financeiras de curto prazo		
1.1.2 Clientes	2.1.2.3 Salários e obrigações sociais	
1.1.3 Estoques	2.1.2.4 Obrigações tributárias	
1.1.4 Impostos a recuperar	2.1.2.5 Dividendos a pagar	**Contas a pagar**
1.1.5 Valores pagos antecipadamente	2.1.2.6 Contas de consumo a pagar	
1.1.6 Despesas pré-pagas	2.1.2.7 Outras obrigações	
Total Ativo Circulante	**Total Passivo Circulante**	
1.2 Não Circulante	**2.2 Não Circulante**	
1.2.1 Realizável a longo prazo	**2.2.1 Exigível a longo prazo**	
1.2.1.1 Aplicações financeiras	2.2.1.1 Empréstimos e financiamentos	
1.2.1.2 Títulos a receber	2.2.1.2 Obrigações sociais e tributárias	
1.2.1.3 Impostos a recuperar	2.2.1.3 Provisão para contingências	
1.2.1.4 Impostos diferidos	2.2.1.4 Outras obrigações	
1.2.1.5 Depósitos judiciais	**Total Passivo Não Circulante**	
1.2.1.6 Clientes		
1.2.1.7 Outros direitos	**Total Passivo**	
Total Realizável a Longo Prazo		

ATIVO - GRUPO 1	PASSIVO - GRUPO 2	
1.2.2 Ativo Permanente*	**Patrimônio Líquido - Grupo 3**	**Obrigações para com os Proprietários**
1.2.2.1 Investimentos	3.1 Capital social	
1.2.2.2 Imobilizado	3.2 Reservas de lucros	
1.2.2.3 Intangível	3.3 Ações em tesouraria	
Total Permanente	3.4 Ajustes de avaliação patrimonial	
Total Ativo Não Circulante	**Total do Patrimônio Líquido**	
Total Ativo	**Total Passivo + Patrimônio Líquido**	

*Verificar observação na página 110.

Não nos estenderemos em apresentar um plano de contas detalhado, pois consideramos que, neste momento de construção do seu aprendizado, não será de utilidade objetiva para tal. No entanto, não podemos deixar de apresentar o modelo do exemplo, mesmo que em formato parcial, pois, caso você venha atuar na área financeira de uma empresa, é importante que conheça este assunto

Finalmente, cabe ainda o comentário de que cada empresa desenvolve seu plano de contas conforme suas necessidades e seu sistema contábil.

Veja a seguir a essência dos principais grupos e das suas contas que compõem o Balanço Patrimonial. Lembramos a você que o detalhamento das contas de resultado está tratado no Capítulo 3, em que trabalhamos a Demonstração de Resultados.

DETALHAMENTO DAS CONTAS DO CIRCULANTE

Como já dissemos anteriormente, o Circulante é composto por contas que vencem ou se concretizam no intervalo de tempo de um período contábil. No entanto, cabe ressaltar que as contas do Circulante têm uma proximidade muito intensa das operações da empresa.

No **Ativo Circulante** ficam as contas que representam os ativos financeiros de uma companhia, somados aos Ativos voltados à operação. É correto que se espere encontrar nessa área todos os bens e direitos que comporão o "giro" dos negócios da entidade em análise.

Vale o mesmo raciocínio para as contas do **Passivo Circulante**, pois eles representam, em sua maioria, as contas voltadas em boa parte à geração dos recursos necessários para manutenção das operações do "giro" negócio.

Vamos parar para pensar um pouco sobre isso.

As principais contas que se encontram no Ativo e Passivo Circulantes são:

ATIVO CIRCULANTE	PASSIVO CIRCULANTE
Caixa e equivalentes	Fornecedores a pagar
Contas a receber	Salários e obrigações trabalhistas
Estoques	Impostos a recolher
Impostos a recuperar	Demais impostos a pagar
Valores pagos antecipadamente	Empréstimos e Financiamentos a pagar
Despesas pagas antecipadamente	Contas de consumo a pagar
	Demais contas a pagar
Total	**Total**

Segue um breve comentário sobre cada uma dessas contas.

5.4.1 Ativo Circulante

Vamos lembrar que os itens que compõem o Circulante são as contas que representam os valores que serão concretizados (realizados) em até um período contábil.

a) **Caixa e equivalentes:** em que são contabilizadas as disponibilidades financeiras; também chamadas por este último nome, disponibilidades. Mostram quanto dinheiro a empresa tem disponível em seus Ativos.

b) **Contas a receber:** identificam os clientes com os quais a empresa negociou seus produtos a prazo.

c) **Estoques:** valores que mostram os bens e direitos já

adquiridos e/ou produzidos que ainda não foram negociados. Vale ressaltar que nesta etapa esses itens estão contabilizados ao valor de custo da produção do bem, ou do serviço para o qual o negócio dedica seus esforços. No entanto, alguns estoques podem receber um ajuste quando do encerramento do Balanço Patrimonial, referente a seu valor de realização efetiva (valor pelo qual poderão ser verdadeiramente negociados).

d) **Impostos a recuperar ou a compensar:** são gerados com base na compra de estoques e compensarão ou serão recuperados (é o mesmo sentido) no momento do pagamento dos impostos a recolher (gerados na ocasião da venda dos estoques e que estão contabilizados nos passivos - geralmente de curto prazo, da empresa).
A empresa apenas recupera os impostos de compra, caso ela deva pagar impostos da mesma natureza no momento da venda.

e) **Valores pagos antecipadamente:** são valores que já tiveram o desembolso realizado, mas que ainda não estão nas mãos da empresa. Como exemplo, as antecipações a fornecedores, em que a empresa faz um pedido de compra e já antecipou o pagamento ao fornecedor do estoque, mas ainda não recebeu a mercadoria encomendada. Enquanto esse estoque ou serviço não for entregue à companhia que fez a compra nessa modalidade, o Ativo da companhia apresentará uma antecipação representando um direito a receber, e não um estoque já à sua disposição.

f) **Despesas pagas antecipadamente:** são os desembolsos já ocorridos, em virtude de valores que se tornarão uma despesa no futuro. Por exemplo, o pagamento de um seguro ou adiantamento de salário dado a um funcionário.

@ NOTA!

Cabe mencionar que as despesas, assim como as demais contas da Demonstração de Resultados, serão reconhecidas como gastos ou ganhos apenas após o fato gerador do seu reconhecimento como tal. Ou seja, esses valores só serão reconhecidos como fatos que poderão modificar lucro ou prejuízo de um período, caso o consumo (despesas e custos) ou o ganho (receitas) tenham, de fato, acontecido.

Por esse motivo, uma receita com vendas não pode ser reconhecida antes que a mercadoria tenha sido entregue ou que o serviço tenha sido prestado; um aluguel só será despesa após o consumo do tempo referente à disponibilidade do bem para uso da companhia, um salário só será reconhecido como gasto após a empresa utilizar os serviços prestados pelo trabalhador, e assim por diante...

Ainda devemos lembrar, como já comentamos no Capítulo 3, que saídas e entradas de caixa (dinheiro) não representam gastos ou ganhos, respectivamente. Apenas a consumação (efetivação) do gasto ou do ganho compreendida pelo fato seu gerador é que justifica seu reconhecimento nas contas de resultado.

5.4.2 Passivo circulante

Vamos lembrar que os itens que compõem o Circulante são as contas que representam os valores que serão concretizados (realizados) em até um período contábil.

a) **Fornecedores a pagar:** essa conta representa todas as dívidas contraídas pela empresa para com os fornecedores de bens e serviços com quem ela negocia tanto para sua produção quanto em seu contexto operacional.

b) **Salários e obrigações trabalhistas:** os gastos com mão de obra estão contemplados nessas contas, que são várias, diga-se de passagem, pois, além dos salários a pagar, há vários gastos relativos à sua força de trabalho, nos quais a companhia incorre, como o "provisionamento" das férias e 13º salário, recolhimento dos tributos (impostos) incidentes sobre a folha de pagamentos e todos os benefícios salariais que cada empresa adota em relação a seus trabalhadores.

   Repare que colocamos a palavra "provisionamento" em destaque, pois, embora normalmente as empresas se refiram a esse termo quando reconhecem as despesas em geral que serão pagas no futuro, o provisionamento contábil, de fato, é o reconhecimento de eventuais riscos com impacto financeiro para a companhia.

c) **Impostos a recolher:** estes valores são gerados pelas vendas. O valor das vendas contém uma parcela de impostos que a empresa recebe e depois recolhe (paga) ao Governo. Podem ser impostos nas três instâncias: Municipal, Estadual ou Federal.

d) **Demais impostos a pagar:** há também vários impostos além dos incidentes sobre as vendas, como impostos territoriais, sobre veículos, licenças de funcionamento, taxas de inspeção e o imposto de renda da pessoa jurídica (da empresa).

e) **Empréstimos e financiamentos a pagar:** os empréstimos e financiamentos serão amortizados conforme seus contratos. Muitos deles são apenas de curto prazo, mas muitos também se referem a empréstimos e financiamentos que a empresa tomou a longo prazo para realizar seus investimentos em equipamentos e maquinário ou outro item de sua necessidade e que, ao longo do tempo, tornam-se de curto prazo, pois vencerão dentro de um período contábil. A esses valores também teremos uma conta relativa a juros a pagar.

f) **Contas de consumo a pagar:** assim como nós, pessoas físicas, temos nossas contas a pagar, o mesmo acontece com as empresas. Há contas de telefone, aluguel, condomínio, manutenção, luz e energia, água para uso e para produção etc. Também se referem normalmente a gastos rotineiros que figurarão como contas a pagar no curto prazo da companhia.

g) **Demais contas a pagar:** são as demais contas que deverão ser quitadas dentro de um período contábil, que normalmente terão um caráter eventual ou não rotineiro um fornecedor, por exemplo, um fornecedor a pagar.

h) **Antecipações recebidas:** quando a empresa recebe alguma antecipação por conta de algum produto (bem ou serviço) a entregar, este será considerado um Passivo, até que o produto seja concluído e entregue a seu comprador, pois a companhia já recebeu o dinheiro, mas ainda não entregou o produto ou serviço.
Algumas empresas trabalham com antecipações até como um de seus modelos de negócios, como as

companhias aéreas que vendem seus voos antecipadamente, empresas de turismo que vendem os pacotes de viagens com antecipação, construtoras que vendem os imóveis na planta, buffets, teatros e shows em geral.

5.4.3 Ativo Não Circulante

Ao contrário dos valores que estão no Circulante, os itens que compõem o Não Circulante são as contas que representam os valores que serão concretizados (realizados) a partir de um período contábil.

<table>
<tr><th>ATIVO NÃO CIRCULANTE</th><th>PASSIVO NÃO CIRCULANTE</th></tr>
<tr><td>Realizável a Longo Prazo
Contas a receber a longo prazo.
Depósitos judiciais.
Aplicações financeiras de longo prazo.</td><td rowspan="2">Exigível a Longo Prazo
Empréstimos a pagar a longo prazo.
Impostos a pagar a longo prazo.
Demais contas a pagar a longo prazo</td></tr>
<tr><td>Investimentos
Avaliados pelo valor de realização.
Avaliados pela Equivalência Patrimonial.</td></tr>
<tr><td>Imobilizado
Bens produtivos</td><td></td></tr>
<tr><td>Intangível
Direitos produtivos</td><td></td></tr>
<tr><td>Total</td><td>Total</td></tr>
</table>

5.4.3.1 Realizável a longo prazo

a) Contas a receber a longo prazo: essas contas são relativas aos negócios realizados junto aos clientes da empresa, a longo prazo.

b) Depósitos judiciais: são valores que já foram pagos e estão em trânsito de julgamento. Como esses eventos, via de regra, apresentam certa morosidade para decisão, em função dos protocolos que devem atender, ficam caracterizados como valores que se concretizarão a longo prazo.

c) **Empréstimos a coligadas:** são valores a receber de empresas ligadas ao mesmo grupo econômico que o da empresa que está apresentando o Balanço Patrimonial. São contas que figuram no realizável a longo prazo, pois são negócios realizados internamente.

d) **Aplicações financeiras de longo prazo:** as aplicações financeiras podem ter diversos vencimentos. Aqueles cujo vencimento de realização ou de concretização excede a um período contábil, serão classificados nesta área da empresa, pois serão considerados Não Circulantes.

e) **Ativo permanente:** (podemos dizer que esta é a subárea dos "3 Is", pois ele é composto pelas três contas a seguir (os investimentos, o imobilizado e o intangível).

- **Nota importante:** embora os balanços atualmente não destaquem mais esta parte dos ativos como uma subárea do balanço patrimonial, manteremos esta nomenclatura para fins didáticos, uma vez que os bens e direitos aqui listados foram adquiridos originalmente com a intenção de permanência na empresa, para que com eles ela pudesse desenvolver suas atividades e/ou mantê-los como uma reserva de valor para uma eventual negociação futura. Também será importante que mantenhamos essa nomenclatura com uma segunda finalidade, que se fará presente no momento em que aprofundaremos nossos estudos na leitura, análise e interpretação dos dados obtidos nas demonstrações financeiras publicadas/divulgadas pelas empresas em nosso foco de atenção.

f) **Investimentos:** são reservas de valor, pois são valores aplicados em outros bens ou direitos que deverão gerar lucro para a companhia, sem que necessariamente sejam complementares ao negócio ou do mesmo ramo de atividade em que a empresa atua. Em função do valor e da função que foram destinados a esse tipo de ativo, sua avaliação e apresentação nos Ativos da empresa podem ocorrer de duas maneiras diferentes:

- **Avaliados pelo valor de realização:** estes são bens e direitos com a finalidade de geração de receita. Não

estão voltados ao processo produtivo da empresa e tampouco podem ser considerados uma extensão dos negócios da companhia.
Dentre eles estão os imóveis para aluguéis (desde que a empresa não seja a própria imobiliária), participações de pequeno valor em outras empresas, obras de arte etc. No encerramento das contas do Balanço, esses valores são ajustados ao valor de realização (valor de mercado de cada item), com o objetivo de deixar o Balanço o mais fiel possível à realidade.

- **Avaliados pela equivalência patrimonial:** o enfoque dado a esses investimentos é diferente do que é dado aos investimentos avaliados pelo valor de realização, pois, para sua constituição, a empresa em análise aplicou valores significativos nas empresas investidas, o que pode configurar o poder de influência nas tomadas de decisões das empresas investidas e cria a figura das empresas coligadas, controladas ou *joint ventures* (controle conjunto de duas ou mais empresas na companhia investida). Esses valores, assim como os anteriores, são ajustados antes do encerramento das Demonstrações Financeiras pelo método de equivalência patrimonial. Esse método, o da equivalência patrimonial, leva em consideração o percentual de participação da empresa em questão na investida, para o reconhecimento e absorção dos resultados de cada ano que está encerrando.

g) **Imobilizado:** os imobilizados são os bens produtivos que a empresa mantém para o desenvolvimento de suas atividades. As contas mais comumente encontradas neste grupo de Ativos são os móveis e utensílios, imóveis para uso produtivo, veículos, moldes e ferramentas etc. São ajustados periodicamente pelo reconhecimento da depreciação, que é uma conta negativa de Ativo e que tem como finalidade levar o valor dos bens imobilizados à realidade, pelo reconhecimento do desgaste e desvalorização destes bens.

h) **Intangível:** finalizando os Ativos, os intangíveis são os direitos produtivos que serão ajustados pela amortização referente ao tempo previsto de geração de resultados para a companhia. Assim como a depreciação é redutora e negativa na área do imobilizado, a amortização também segue o mesmo padrão da depreciação no que se refere ao ajuste do valor aplicado no intangível à realidade de sua avaliação.

5.4.4 Passivo não circulante

Ao contrário dos valores que estão no Circulante, os itens que compõem o Não Circulante são as contas que representam os valores que serão concretizados (realizados) a partir de um período contábil.

#OBSERVAÇÃO

O exigível a longo prazo que representa as contas a pagar a longo prazo é considerado uma subárea do Não Circulante desde a última alteração na Lei nº11.691/2009 – Lei das S.A.

Para a maioria das empresas, as duas principais contas desta parte do Balanço Patrimonial são os empréstimos e financiamentos. Mas, de qualquer forma, poderá haver outra conta a pagar a longo prazo, em função do ramo de atividade da empresa em análise ou pelo grau de complexidade dos negócios realizados pela companhia. Dentre estas outras contas, podemos citar as debêntures, as contas a pagar (ou contas correntes) com as coligadas, eventualmente algum imposto ou alguma antecipação recebida de clientes.

5.4.5 Patrimônio Líquido

Esta área representa o investimento que os proprietários da empresa fizeram no negócio.

a) **Capital social:** esta conta representa o valor do investimento que os proprietários de uma empresa fizeram no negócio propriamente dito. É equivalente às ações ou às cotas de participação dos donos da empresa na formação do seu capital.

@ NOTA!

Caso os "donos da empresa" tenham formado o capital da empresa como sociedade por ações tanto de capital fechado (não negociado na Bolsa de Valores) quanto aberto (negociado na Bolsa de Valores), eles serão denominados acionistas. Mas, caso o capital da empresa esteja formado por cotas de participação, como uma companhia limitada, por exemplo, estes "donos da empresa" serão chamados de sócios.

b) **Reservas:** são contas patrimoniais que têm como contrapartida aumentos do Ativo, formados por recebimentos vindos ou dos sócios ou de terceiros. Esses aumentos do patrimônio podem ter diferentes origens. Quando se tratarem de reservas de capital, são valores que estão no Patrimônio Líquido, mas que não incorporaram o capital da empresa, da mesma forma que podem ter sido originados em lucros retidos, caracterizando, dessa maneira, as reservas de lucros. De qualquer forma, não representam qualquer tipo de exigibilidade. Entre outras destinações, elas podem ser utilizadas para absorver os prejuízos superiores às reservas de lucros para serem incorporadas ao capital e a outras situações que você verá em outro momento dos seus estudos.

c) **Ajustes de avaliação patrimonial:** formam uma conta que pode ser apresentada como positiva ou negativa, conforme a necessidade de ajuste que a empresa tiver em determinado momento. Sua função é a de ajustar o Patrimônio Líquido à realidade, em função de eventuais ajustes de algumas contas do Balanço Patrimonial sobre os valores avaliados ao justo valor que tiveram alguma variação reconhecida. Embora ainda não realizados, mostram o impacto que trariam ao Patrimônio. E, à medida que a realização desses ajustes e Passivos for ocorrendo, seus respectivos valores devem ser transferidos para o resultado do período.

d) **Ações em tesouraria:** representam as ações da empresa em questão que ainda estão em suas mãos. Ou seja, a empresa figura como a própria adquirente desses títulos. Para que isso ocorra, a empresa deverá obedecer a uma série de regras e limitações para esse tipo de operação.

e) Prejuízos acumulados: é uma conta que será divulgada no Balanço quando a conta de reserva de lucros não mais puder absorver os prejuízos que a companhia vem tendo.

As PMEs apresentarão uma conta de lucros ou prejuízos acumulados em que serão confrontados e acumulados lucros e prejuízos ao longo da existência da companhia.

#RECORDAR

Neste capítulo, falamos sobre a classificação das contas. Ele é muito importante para sua compreensão sobre os eventos que serão registrados em cada parte da demonstração financeira que a empresa divulga. Os prazos também estabelecem a capacidade mais ou menos imediata de converter algum valor em caixa, ou, ainda, da necessidade de pagamento para cada conta. As decisões de planejamento tático, operacional e estratégico da empresa poderão fazer um intercâmbio com as demonstrações financeiras, uma vez que envolvem operações de curto e longo prazos para manutenção da saúde atual e crescimento do negócio ao longo do tempo.

#NA PRÁTICA

Após resolver o exercício sobre classificação das contas, que é composto por um Balanço Patrimonial adaptado de um balanço real publicado, veja um exemplo de uma empresa de laboratório cujas demonstrações financeiras foram publicadas em 2018, referentes ao ano de 2017, no site:

<https://goo.gl/7Z5VLV>. Acesso em: 29 out. 2018.

Selecione o arquivo referente ao período completo de 2017.

Boa leitura!

1 O que separa o curto e o longo prazos?

2 O que é um Ativo Circulante? Dê cinco exemplos de contas que fazem parte do Ativo Circulante.

3 O que é um Ativo Não Circulante? Dê cinco exemplos de contas que fazem parte do Ativo Não Circulante.

4 O que são contas sintéticas e contas analíticas?

5 Quando as demonstrações financeiras são publicadas, que tipos de conta ficam nesses relatórios, as sintéticas ou as analíticas?

6 Quando apurarmos um balancete de verificação, nele apresentaremos as contas sintéticas ou analíticas das áreas?

7 O que são as contas do permanente?

8 Pesquise nos sites das empresas (S.A.) e leia seus balanços. As demonstrações financeiras estarão disponíveis na área destinada às relações com investidores de cada companhia. Junto do balanço, acrescente a leitura das notas explicativas de cada conta, pois nelas estão os detalhamentos e os fatos que produziram os números que a empresa está divulgando nessa demonstração em análise.

9 Complete as afirmações:

a) Curto prazo é ________________.

b) Longo prazo é ________________.

c) O Patrimônio Líquido representa a obrigação que a empresa tem para com os acionistas. Por isso, suas principais contas são ________________.

d) O plano de contas é ________________.

10 Classifique as contas a seguir.

EXERCÍCIO DE CLASSIFICAÇÃO DAS CONTAS DO BALANÇO PATRIMONIAL DE 2017 DO LABORATÓRIO		
Contas	Valores	Classificação
Caixa e equivalentes	337.153	
Financiamentos (CP)	29.922	
Créditos a receber (LP)	12.694	
Salários e encargos a recolher	99.744	
Outros ativos (LP)	9.509	
Títulos e valores mobiliários	334.031	
Reserva legal	70.681	
Arrendamento mercantil financeiro (CP)	606	
Impostos e contribuições a recolher	29.878	
Capital social	1.413.608	
Debêntures (CP)	284.693	
Instrumentos financeiros derivativos	17	
Financiamentos (LP)	102.475	
Depósitos Judiciais	47.419	
Reserva de capital	17.923	
Estoques	21.487	
Contas a pagar (CP)	244	
Dividendo a pagar e juros sobre capital próprio	41.420	
Impostos a recuperar	49.135	
Lucros retidos	204.238	
Intangível	1.505.589	
Contas a receber	502.823	
Investimentos	47.167	
Debêntures (LP)	633.334	
Fornecedores	146.851	
Arrendamento mercantil futuro (LP)	6.769	PñC
Imposto de renda diferido	364.793	PñC
Outras contas a pagar (CP)	151	
Imobilizado	633.304	
Créditos a receber (CP)	3.854	
Provisão para riscos	30.060	
Reserva de reavaliação	78	PL
Outros ativos (CP)	7.915	
Impostos e contribuições a recolher (LP)	28.200	
Contas a pagar (LP)	6.429	

LP = longo prazo
CP = curto prazo
Usaremos essas siglas para identificar contas específicas.

ANTECIPAÇÕES

Neste capítulo, você...

... compreenderá a diferença entre os desembolsos e recebimentos quanto à sua capacidade de geração de caixa e efetivo reconhecimento como despesas ou receitas para gerar impacto no resultado do período de sua realização.

No final do capítulo, você...

... saberá diferenciar os desembolsos e recebimentos reconhecidos como perdas e ganhos das simples movimentações geradoras de impactos no caixa.

6.1 FUNDAMENTOS

As antecipações representam os eventos em que o dinheiro transitou tanto por recebimento quanto por pagamento, antes da ocorrência de seu fato gerador. Isso faz com que, pelas antecipações de Ativo, a empresa obtenha direitos, e, pelas de Passivo, crie obrigações.

Por isso, vale dizer que, embora o pagamento ou o recebimento do evento já tenha ocorrido, seu reconhecimento como despesa ou como receita, respectivamente, deverá esperar a ocorrência do seu fato gerador.

Como já dissemos reiteradas vezes:

Entrada de dinheiro não é lucro, bem como sua saída não forma prejuízo

Os ganhos e os gastos que verdadeiramente impactam o resultado dependem do reconhecimento da real ocorrência e do período de seu fato gerador. Vamos ver, a seguir, algumas antecipações mais comuns, tanto para o Ativo quanto para o Passivo.

6.2 ANTECIPAÇÕES DO ATIVO

Você viu nos capítulos anteriores que o Ativo é a área que mostra os bens e direitos que uma empresa tem. As antecipações que ocorrem na empresa e que são consideradas Ativo são aquelas oriundas de pagamentos antecipados que acabam por conferir um direito para a empresa.

Há diversos tipos de pagamentos que usualmente antecipamos. Veja alguns exemplos:

a) Antecipação a fornecedores: estes valores ficam no Ativo, pois identificam que ocorreu um pagamento antecipado ao fornecedor da empresa e agora está esperando o recebimento dos estoques ou serviços adquiridos nesta operação, que comporão futuramente, por ocasião do seu recebimento, parte ou o todo de seu produto.

b) **Antecipações a despesas ou despesas pagas antecipadamente:** são pagamentos antecipados a direitos ou serviços que a companhia utilizará ao longo do período e que já estão quitados, por conta de sua antecipação. Via de regra, esses valores correspondem a despesas pagas antecipadamente, que só serão reconhecidas como tal pelo tempo transcorrido, como um aluguel pago antecipadamente; ou pelo uso, como serviços recebidos, por exemplo, salários pagos antecipadamente, seguros aluguéis ou juros, ou, ainda, impostos pagos antecipadamente.

A seguir, veremos em dois exemplos a contabilização desses fatos:

#EXEMPLO PRÁTICO

1. Pagamento antecipado de R$ 500,00 a fornecedores que entregarão os estoques em 5 dias.

   Pelo pagamento (desembolso de caixa):

   D – fornecedores pagos antecipadamente (R$ 500,00)

   C – caixa (R$ 500,00)

   Pelo recebimento das mercadorias (entrada dos estoques) pagas antecipadamente:

   D – estoques (R$ 500,00)

   C – fornecedores pagos antecipadamente (R$ 500,00)

2. Pagamento antecipado a uma apólice de seguros por R$ 1.200,00, com vigência de 12 meses. Vamos contabilizar a aquisição da apólice no momento do pagamento, e o posterior reconhecimento de sua despesa, após o transcurso de 3 meses.

   Pela aquisição da apólice:

   D – Seguros pagos antecipadamente (R$ 1.200,00)

   C – Caixa (1.200,00)

Pelo reconhecimento da despesa referente aos seguros, para depois dos 3 meses já transcorridos.

D – Despesa operacional (R$ 300,00)

C – Seguros pagos antecipadamente (R$ 300,00)

6.3 ANTECIPAÇÕES DO PASSIVO

As antecipações de Passivos são valores que recebemos antes de realizar efetivamente a entrega do produto que vendemos a um comprador. O dinheiro entra para a empresa antes que a venda esteja realizada. Quando isso acontece, registramos apenas a entrada do dinheiro, e não a venda em si, pois, de fato, ela ainda não aconteceu. Cabe lembrar que o fato gerador de uma venda é a entrega da mercadoria para o comprador.

Vamos ver o exemplo a seguir.

#EXEMPLO PRÁTICO

Recebimento de R$ 1.000,00 por estoques que deveremos entregar ao cliente em 3 dias.

D – Caixa (R$ 1.000,00)

C – Antecipações recebidas de clientes (R$ 1.000,00 – passivo circulante)

Vamos supor que os estoques sejam entregues e que seu custo de elaboração seja de R$ 500,00. Este é o efetivo momento da realização da receita e do reconhecimento do custo da venda.

D – CMV (R$ 500,00)

C – Estoques (R$ 500,00)

PELA ENTREGA DO PRODUTO

D – Antecipações recebidas de clientes (R$ 1.000,00)

C – Receita com vendas (R$ 1.000,00) PELA VENDA REALIZADA

#ESTUDE MAIS

- Leia como complemento para este capítulo os princípios contábeis de realização de receitas e despesas, de competência de exercícios e de confrontação. Estes princípios estão explicados mais à frente, no Capítulo 9.

#RECORDAR

Neste capítulo, você viu que as antecipações são fatos contábeis em que o dinheiro transita entre os agentes, antes da realização do seu fato gerador, quer isso ocorra por pagamento, configurando uma antecipação de Ativo, quer isso ocorra por recebimento, configurando uma antecipação de Passivo.

Para o tratamento da antecipação de Ativo, apenas quando ocorrer o uso ou quando passar o tempo de direito de uso do bem ou serviço pagos antecipadamente é que este poderá ser reconhecido como uma despesa e afetará o resultado do momento em que o fato gerador da perda ocorreu.

Em relação ao recebimento antecipado, vale a visão contrária do que está apresentado neste resumo. Ou seja, a receita só será realizada na entrega da mercadoria ou da prestação do serviço ao cliente que já pagou antecipadamente o valor deste produto à empresa produtora deste bem ou serviço.

#PARA TREINAR

1 Com base nos saldos iniciais a seguir, elabore a contabilização do período e monte o Balanço Patrimonial e a DRE correspondente. (Foram desconsiderados quaisquer impostos incidentes sobre estas operações.)

Caixa R$ 2.000,00, aplicações financeiras R$ 1.000,00, contas a receber R$ 1.000,00, aluguéis pagos antecipadamente R$ 600,00 (para 3 meses), impostos pagos antecipadamente R$ 1.200,00 (para um ano), fornecedores pagos antecipadamente R$ 1.000,00, estoques R$ 500,00, máquinas R$ 4.000,00, intangíveis R$ 2.000,00, fornecedores a pagar R$ 1.000,00, empréstimos a pagar R$ 1.000,00, antecipações recebidas de clientes R$ 2.000,00, capital social R$ 5.000,00, lucro ou prejuízo acumulado (calcular usando a fórmula da estática patrimonial (A = P + PL)

a) Recebimento dos estoques pagos antecipadamente.

b) Passou o 1º mês referente ao aluguel pago antecipadamente. Reconhecer a despesa.

c) Passou o 1º mês referente ao imposto pago antecipadamente. Reconhecer a despesa.

d) Entrega dos estoques ao cliente que havia pago antecipadamente por eles.

e) Recebimento das contas a receber com acréscimo de juros de 10% sobre o valor recebido.

f) Reconhecimento de juros a pagar sobre os empréstimos R$ 100,00.

g) Pagamento de R$ 600,00 a uma apólice de seguros sobre o maquinário, com vigência de um ano.

h) Pagamento antecipado do aluguel de uma nova loja no valor de R$ 600,00, para 6 meses.

i) Pagamento antecipado a fornecedores que entregarão os estoques em duas semanas R$ 1.000,00.

j) Antecipação de R$ 2.000,00, recebida de clientes que esperam por sua compra em 3 semanas.

2 Contabilize os fatos anteriores fazendo o diário, o razão e apresentando ao final o Balanço Patrimonial e a DRE.

DATA	Nº LANÇAMENTO	DESCRIÇÃO	VALORES	
			DÉBITOS	CRÉDITOS
1	1	Recebimento dos estoques pagos antecipadamente		
		D - estoques	1.000	
		C - fornecedores pagos antecipadamente		1.000
2	2	Reconhecimento de despesa		
		D - despesas operacionais	200	
		C - Aluguéis pagos antecipadamente		200
3	3	Reconhecimento de despesa		
		D - despesas operacionais	100	
		C - impostos pagos antecipadamente		100

DATA	Nº LANÇA-MENTO	DESCRIÇÃO	VALORES	
			DÉBITOS	CRÉDITOS
4	4	Entrega de estoques por venda recebida antecipadamente		
		D - CMV	1.500	
		C - estoques		1.500
		D - antecipações de clientes	2.000	
		C - receita bruta de vendas		2.000
5	5	Recebimento das contas a receber		
		D - caixa	1.100	
		C - contas a receber		1.000
		C - receita financeira (resultado financeiro)		100
6	6	Reconhecimento de juros a pagar		
		D - despesa financeira (resultado financeiro)	100	
		C - juros a pagar		100
7	7	Pagamento a apólice de seguros		
		D - seguros pagos antecipadamente	600	
		C - caixa		600
8	8	Pagamento antecipado de um aluguel		
		D - aluguel pago antecipadamente	1.000	
		C - caixa		1.000
		Antecipação a fornecedores		
9	9	D - fornecedores pagos antecipadamente	1.000	
		C - caixa		1.000
10	10	Recebimento antecipado de clientes		
		D - caixa	2.000	
		C - Antecipação de clientes		2.000

Veja os lançamentos do livro diário anterior refletidos no livro razão da companhia.

Caixa	
(SI)2.000	600(7)
(5)1.100	1.000(8)
(10)2.000	1.000(9)
2.500	

Aplicações financeiras	
(SI)1.000	
1.000	

Contas a receber	
(SI)1.000	1.000(5)
0	

Aluguéis pagos antecipadamente	
(SI)600	200(2)
(8)1.000	
1.400	

Impostos pagos antecipadamente	
(SI)1.200	100(3)
1.100	

Fornecedores pagos antecipadamente	
(SI)1.000	1.000(1)
(9)1.000	
1.000	

Estoques	
(SI)500	1.500(4)
(1)1.000	
0	

Máquinas	
(SI)4.000	
4.000	

Empréstimos a pagar	
	1.000(SI)
	1.000

Antecipações de clientes	
(4)2.000	2.000(SI)
	2.000(10)
	2.000

Fornecedores a pagar	
	1.000(SI)
	1.000

Intangíveis	
(SI)2.000	
2.000	

Capital social	
	5.000(SI)
	5.000

Lucros ou prejuízos acumulados	
	4.300(SI)
	200(f)
	4.500

Juros a pagar	
	100(6)
	100

Despesas financeiras	
(6)100	100(e)

Despesas operacionais	
(2)200	
(3)100	
300	300(c)

CMV	
(4)1.500	1.500(b)

Receita bruta de vendas	
(a)2.000	2.000(4)

Receita financeira	
(d)100	100(5)

Seguros pagos antecipadamente	
(7)600	

ARE	
(b)1.500	2.000(a)
(c)300	100(d)
(e)100	
(f)200	200

Veja as demonstrações a seguir, que foram geradas com base nos lançamentos contábeis que acabamos de realizar.

BALANÇO PATRIMONIAL			
Ativo		**Passivo**	
Caixa	2.500	Empréstimos a pagar	1.000
Aplicações financeiras	1.000	Fornecedores a pagar	1.000
Aluguéis pagos antecipadamente	1.400	Antecipações de clientes	5.000
Impostos pagos antecipadamente	1.100	Juros a pagar	100
Fornecedores pagos antecipadamente	1.000	**Patrimônio líquido**	
Seguros pagos antecipadamente	600	Capital social	5.000
Máquinas	4.000	Lucros acumulados	1.500
Intangíveis	2.000		
Total	**13.600**	**Total**	**13.600**

DRE	
Receita Bruta de Vendas	2.000
CMV	(1.500)
Lucro Bruto Operacional	500
Despesas Operacionais	(300)
Lucro antes do Resultado Financeiro	200
Resultado Financeiro (diferença entre receitas e despesas financeiras)	0
Lucro Líquido	200

Nota: Agora faça os lançamentos que estão no Gabarito.

Se você acertou entre oito e dez lançamentos, parabéns! Siga em frente!

Caso você tenha acertado entre um e seis lançamentos, é melhor reler o capítulo para reforçar seu conhecimento um pouco mais. Lembre-se de que você ainda está na fase inicial do seu conhecimento e, como já dissemos anteriormente, os primeiros passos construirão seu alicerce do conhecimento deste tema!

3 Uma antecipação de Passivo é:

a) Um valor recebido pela empresa com o compromisso de entregar futuramente seu produto (bem ou serviço) ao comprador, que lhe enviou esta antecipação.

b) Um valor pago pela empresa com o compromisso de entregar futuramente seu produto (bem ou serviço) ao comprador, que lhe enviou esta antecipação.

c) Um valor recebido pela empresa com o compromisso de receber futuramente seu produto (bem ou serviço) do comprador, que lhe solicitou esta antecipação.

d) b e c estão corretas.

4 Assinale a afirmativa errada:

a) As antecipações são reconhecidas conforme seu uso.

b) As antecipações são entradas ou saídas antecipadas de dinheiro, que serão reconhecidas como despesas ou receitas conforme a ocorrência de seu fato gerador.

c) As antecipações podem ser encontradas nos Ativos e nos Passivos.

d) As antecipações dependem fortemente dos princípios de realização de receitas e despesas e competência de exercícios para o reconhecimento do fato gerador do ganho ou do gasto, na data de sua ocorrência.

5 O que é uma antecipação?

6 Qual é a diferença entre desembolso e despesa?

7 Qual é a diferença entre recebimento e ganho?

8 Qual é o fato gerador de ganho ou de gasto?

9 Qual é o tempo (período) de reconhecimento de receitas, custos e despesas?

OPERAÇÕES COM MERCADORIAS E SERVIÇOS

Neste capítulo, você...

... verá como as operações comerciais e os controles de estoques impactam os Ativos e o resultado. Serão abordados tanto o processo de venda e apuração do lucro quanto o de seu recebimento.

No futuro, esse saber será aplicado ao cálculo de custos da companhia e em muito contribuirá para calcular o preço de venda de cada produto que a empresa oferecerá a seus clientes.

No final do capítulo, você...

... contabilizará a comercialização do produto ou serviço da empresa, bem como analisará seu impacto nos Ativos e resultados do período.

7.1 FUNDAMENTOS

As operações com mercadorias estão presentes na maioria das empresas em funcionamento; podemos dizer que, para a indústria e para o comércio, são de vital importância. E até mesmo algumas empresas que prestam serviços muitas vezes dependem de alguns materiais para que esses trabalhos sejam concluídos, como uma oficina mecânica, um consultório dentário e outros prestadores de serviços que precisam de peças para desenvolver seu trabalho.

É preciso que a empresa controle a movimentação das mercadorias que comprou e vendeu para que assim, possa apurar o lucro do período com a maior exatidão possível.

Além deste objetivo, o controle de estoques pode ser utilizado como uma importante ferramenta de gestão, pois alguns controles para tomadas de decisões, associados ao controle de entradas e saídas dos estoques, podem auxiliar o departamento de produção a solicitar a compra da exata quantidade necessária de matérias-primas para alimentar a produção ou mercadorias para abastecer as prateleiras da área de vendas da empresa. Com isso, a companhia evita desperdícios e desembolsos desnecessários, contribuindo para a manutenção da saúde de seu caixa.

Os controles de estoques estão fundamentados na seguinte fórmula:

$$EI + C - CMV = EF$$

Em que:

- **EI:** é o estoque inicial (obtenha essa informação na conta de estoques do Balanço do ano anterior ao do ano que você está analisando).
- **C:** são as compras efetuadas ao longo do ano ou do período em análise. Essa informação pode ser obtida junto à contabilidade, pois a conta **compras** não é publicada no Balanço Patrimonial. Porém, não se preocupe,

também é possível calcular por diferença. Veremos isso logo adiante.

- **CMV**: é o custo da mercadoria/produto vendido. Está na DRE da empresa, no ano que você está analisando.
- **EF:** é o estoque final. Está no Balanço Patrimonial da empresa, no ano que você está analisando.

Veja como é simples e lógico. Vamos acompanhar o exemplo a seguir.

#EXEMPLO PRÁTICO

Suponha que você está no ano 2 e quer aplicar essa fórmula que acabamos de ver.

No Balanço Patrimonial do ano 1, os estoques valem R$ 1.000,00 (EI).

No Balanço Patrimonial do ano 2, os estoques valem R$ 3.000,00 (EF).

O CMV da DRE do ano 2 é de R$ 5.000 (CMV).

Qual foi o volume de compras realizado no ano 2?

Aplicando a fórmula:

$$\mathbf{EI + C - CMV = EF}$$

$$C = EF + CMV - EI$$

$$C = 3.000,00 + 5.000,00 - 1.000,00$$

$$C = 7.000,00$$

Vamos ver se é verdade? Tínhamos R$ 1.000,00 de estoque inicial (balanço 1) + R$ 7.000,00 em compras (realizadas no ano 2, que é o valor que calculamos agora) – CMV (mercadorias/produtos que foram vendidos no ano 2) R$ 5.000,00 = estoque final (balanço 2) de R$ 3.000,00.

CONTROLE DOS ESTOQUES

Essa lógica apoiada no estoque que já tínhamos mais o que compramos e menos o que vendemos no período é a mesma utilizada para que se faça o controle dos estoques.

Cada item relevante (importante) de estoque deve ser controlado individualmente, assim como as contas analíticas que vimos no plano de contas, registrando cada entrada e cada saída que ocorreu com essa mercadoria. Mas, quando o estoque é pouco relevante (baixo valor), podemos fazer um controle menos específico, usando esta fórmula que acabamos de ver, ou, ainda, aplicar um controle estimado por peso, por volume ou por algum outro controle que seja lógico em função do item que estará sendo controlado e contabilizado.

Além disso, o controle dos estoques pode ocorrer em dois espaços diferentes da empresa. É possível que na área de produção seja feito o controle apenas físico, registrando a quantidade que entrou e a que saiu de mercadorias. Isso assegura que o valor da mercadoria seja preservado, o que aumenta o controle, bem como a segurança que a empresa mantém sobre a mercadoria. Para garantir que os saldos apresentados no Balanço Patrimonial estejam adequados, periodicamente (ao menos uma vez ao ano) a empresa se organiza para fazer a contagem dos estoques. Esse procedimento recebe o nome de **inventário físico**.

O outro tipo de controle é o físico-financeiro, que é mantido na contabilidade da empresa e tem como finalidade auxiliar tanto no cálculo do CMV do período quanto no cálculo do preço de venda da mercadoria.

O controle dos estoques, como já dissemos neste capítulo, seguirá a lógica da fórmula que apresentamos anteriormente. Porém, a avaliação (valoração) do valor dos estoques pode variar conforme o método de avaliação que a empresa resolver utilizar.

Para que a avaliação, o acompanhamento e a valoração do estoque aconteça, a companhia se vale do kardex, que nada mais é que um mapa de controle de estoques, no qual estão discriminadas as entradas, as saídas e o saldo das mercadorias. Esses movimentos são gerados pelas compras, vendas e suas respectivas devoluções, bem como fretes e abatimentos sobre as compras, os quais podem afetar o valor da mercadoria que a empresa tem em mãos.

Fretes sobre vendas são despesas de vendas, enquanto abatimentos de vendas são classificados como deduções das vendas. Por esse motivo, não entram no mapa de controle dos estoques.

7.2.1 Métodos para avaliação e controle dos estoques

Atualmente, o controle e avaliação dos estoques podem ser calculados e avaliados por dois diferentes métodos. Veja a seguir como cada um deles pode ser aplicado aos estoques da empresa.

7.2.1.1 Primeiro a entrar, primeiro a sair (PEPS)

Esse sistema considera que a primeira mercadoria que entra é a primeira a sair.

O exemplo de mapa para controle físico e financeiro dos estoques, a seguir traz as informações mais comumente utilizadas:

ESTOQUE DE: MALHA AZUL					CONTA Nº XXXXX (ENDEREÇO DO PLANO DE CONTAS)					
Data	Entradas			Saídas			Saldo			Operação
	Quantidade	Valor unitário	Saldo	Quantidade	Valor unitário	Saldo	Quantidade	Valor unitário	Saldo	

Vamos fazer um exercício como exemplo do controle sobre os estoques da empresa.

#NA PRÁTICA

Vamos imaginar que a empresa esteja inicialmente sem estoques e que ela vai comprar e vender mercadorias durante um período.

Além disso, a mesma empresa tem um Balanço Patrimonial inicial com os seguintes saldos: caixa R$ 10.000,00 e capital social R$ 10.000,00.

Vamos ver seu mapa de compras e vendas refletido em seu controle de estoques.

Compras e vendas de camisetas brancas do mês de abril/XX:

- 1/4: Compra à vista de 100 unidades a R$ 10,00 cada.
- 3/4: Compra a prazo de 100 unidades a R$ 12,00 cada.
- 5/4: Venda à vista de 150 unidades a R$ 50,00 cada.
- 10/4: Compra à vista de 300 unidades a R$ 11,00 cada.
- 15/4: Venda a prazo de 200 unidades a R$ 60,00 cada.

Pedem-se: mapa de controle dos estoques, considerando que a primeira mercadoria que entrar será a primeira mercadoria a sair; contabilização das operações de compras e vendas deste período, DRE e Balanço Patrimonial contabilizados pelo método das partidas dobradas (débitos e créditos).

Acompanhe o raciocínio e veja o que vai acontecer:

ESTOQUE DE: CAMISETAS BRANCAS					CONTA Nº...... (ENDEREÇO DO PLANO DE CONTAS)					
Data	**Entradas**			**Saídas**			**Saldo**			**Operação**
	Quantidade	**Valor unitário R$**	**Total R$**	**Quantidade**	**Valor unitário R$**	**Total R$**	**Quantidade**	**Valor unitário R$**	**Total R$**	
1/04	100	10	1.000				100	100*10	1.000	Compra
3/04	100	12	1.200				200	100*10 100*12	2.200	Compra
Repare que a nova compra acumulou um maior número de camisetas em estoque. No entanto, como foram compradas a preços diferentes, serão separadas por lotes de compras com a quantidade e o preço de cada um desses lotes.										
5/04	-	-	-	150	100*10 50*12	1.600	50	50*12	600	Venda
Nesta venda, o valor do CMV da venda (que é equivalente ao valor de saída do estoque) foi calculado pelo método PEPS, que considera que a primeira mercadoria que entra é a primeira que sai.										
10/4	300	11	3.300	-	-	-	350	50*12 300*11	3.900	Compra
Nesta nova compra, repare que novamente acumulamos as mercadorias separadas pelos lotes de compras. Veja que foram compradas por preços diferentes também.										

15/4	-	-	-	200	50*12 150*11	2.250	150	150*11	1.650	Venda

Novamente, ao registrar a saída da mercadoria, calculamos o CMV pelo mesmo método selecionado, o PEPS. Estamos usando a convenção da Consistência (que pede que usemos sempre os mesmos critérios de cálculos para que a contabilização dos valores movimentados não tenha um impacto fora da realidade).

Vamos ver a contabilização dessas operações:

Diário

DATA	Nº LANÇ.	DESCRIÇÃO	VALORES	
			DÉBITOS	CRÉDITOS
1/04	1	Compra à vista de estoques		
		D – estoques (ver coluna de entrada do controle de estoques)	1.000	
		C – caixa		1.000
3/04	2	Compra a prazo de estoques		
		D – estoques (ver coluna de entrada do controle de estoques)	1.200	
		C – fornecedores a pagar		1.200
5/04	3	Venda à vista de estoques		
		D – caixa (150 unidades * $ 50,00 (preço de venda))	7.500	
		C – receita com vendas (DRE)		7.500
		D – CMV (ver coluna de saída do controle de estoques)	1.600	
		C – estoques		1.600
10/4	4	Compra à vista de estoques		
		D – estoques (ver coluna de entrada do controle de estoques)	3.300	
		C – caixa		3.300
15/4	5	Venda a prazo de estoques		
		D – contas a receber (clientes) [200 unidades * R$ 60,00 (preço de venda]	12.000	
		C – receita com vendas		12.000
		D – CMV (ver coluna de saída do controle de estoques)	2.250	
		C – estoques		2.250

DATA	Nº LANÇ.	DESCRIÇÃO	VALORES	
			DÉBITOS	CRÉDITOS
Apuração do resultado (usaremos letras para diferenciar dos lançamentos)				
30/4	(a)	D – receita com vendas	19.500	
		C – ARE		19.500
	(b)	D – ARE	3.850	
		C – CMV		3.850
	(c)	D – ARE	15.650	
		C – lucro		15.650

Razão

Caixa	
10.000	1.000(1)
(3)7.500	3.300(4)
13.200	

Estoques	
(1)1.000	1.600(3)
(2)1.200	2.250(5)
(4) 3.300	
1.650	

Contas a receber	
(5)12.000	
12.000	

Capital social	
	10.000
	10.000

Lucro	
	15.650(c)
	15.650

Fornecedores a pagar	
	1.200(2)
	1.200

Receita com vendas	
	7.500(3)
	12.000(5)
(a)19.500	19.500

CMV	
(3)1.600	
(5)2.250	
3.850	3.850 (b)

ARE	
(b)3.850	19.500(a)
(c)15.650	15.650

BALANÇO PATRIMONIAL FINDO EM 30/4/XX			
Ativo		**Passivo**	
Caixa	13.200	Fornecedores a pagar	1.200
Contas a receber	12.000		
Estoques	1.650		
		Patrimônio líquido	
		Capital social	10.000
		Lucro	15.650
Total	**26.850**	**Total**	**26.850**

DRE	
Receita bruta de vendas	19.500
- deduções	—
= Receita líquida de vendas	19.500
- CMV	3.850
= Lucro bruto operacional	15.650
/	/
= Lucro líquido	15.650

Avaliamos os estoques da empresa pelo método PEPS, o qual considera que a primeira mercadoria que entra será a primeira a sair. Este método é muito eficiente, principalmente para o controle físico de mercadorias perecíveis. No entanto, caso os estoques da empresa demorem para ser vendidos, corremos o risco de formar o preço com base em custos antigos, possivelmente prejudicando a reposição de estoques.

No entanto, caso a empresa também opte, ela poderá fazer o controle físico pelo método PEPS, garantindo a redução de perda dos estoques físicos por obsolescência ou por vencimento de validade e fazer o controle contábil pela média de preços.

7.2.1.2 Método da Média Ponderada Móvel (MPM)

A média de preços de compra dos estoques é chamada de Média Ponderada Móvel ou método (MPM) para controle de estoques. É uma forma de cálculo que se atualiza à medida que novas entradas de estoques ocorrem. O valor do custo da venda calculado pelo MPM é diferente do custo calculado pelo PEPS. O custo de vendas da mercadoria apenas será igual nos dois métodos, caso não haja variação no preço de compra do estoque ou caso a companhia venda 100% de seus produtos.

Vamos fazer o mesmo exercício como exemplo do controle sobre os estoques da empresa usando este outro método de avaliação dos estoques da companhia, o MPM.

#NA PRÁTICA

Vamos imaginar que a empresa esteja inicialmente sem estoques e que ela vai comprar e vender mercadorias durante um período.

Além disso, e mesma empresa tem um Balanço Patrimonial inicial com os seguintes saldos: caixa R$ 10.000,00 e capital social R$ 10.000,00.

Vamos ver seu mapa de compras e vendas refletido em seu controle de estoques.

Compras e vendas de camisetas brancas do mês de abril/XX:

- 01/04: Compra à vista de 100 unidades a R$ 10,00 cada.
- 03/04: Compra a prazo de 100 unidade a R$ 12,00 cada.
- 05/04: Venda à vista de 150 unidades a R$ 50,00 cada.
- 10/04: Compra à vista de 300 unidades a R$ 11,00 cada.
- 15/04: Venda a prazo de 200 unidades a R$ 60,00 cada.

Pede-se: mapa de controle dos estoques, considerando que a primeira mercadoria que entrar será a primeira mercadoria a sair; contabilização das operações de compras e vendas deste período, DRE e Balanço Patrimonial contabilizados pelo método das partidas dobradas (débitos e créditos).

Acompanhe o raciocínio e veja o que vai acontecer:

<table>
<tr><th colspan="5">ESTOQUE DE: CAMISETAS BRANCAS</th><th colspan="6">CONTA Nº......(ENDEREÇO DO PLANO DE CONTAS)</th></tr>
<tr><th rowspan="2">Data</th><th colspan="3">Entradas</th><th colspan="3">Saídas</th><th colspan="3">Saldo</th><th>Operação</th></tr>
<tr><th>Quantidade</th><th>Valor unitário R$</th><th>Total R$</th><th>Quantidade</th><th>Valor unitário R$</th><th>Total R$</th><th>Quantidade</th><th>Valor unitário R$</th><th>Total R$</th><th></th></tr>
<tr><td>1/04</td><td>100</td><td>10</td><td>1.000</td><td></td><td></td><td></td><td>100</td><td>10</td><td>1.000</td><td>Compra</td></tr>
<tr><td>3/04</td><td>100</td><td>12</td><td>1.200</td><td></td><td></td><td></td><td>200</td><td>11</td><td>2.200</td><td>Compra</td></tr>
<tr><td colspan="11">Repare que a nova compra acumulou um maior número de camisetas em estoque e o cálculo do custo unitário sofreu uma alteração. No entanto, neste método, sempre teremos um valor único de custo unitário para todos os itens do estoque deste produto.
Para chegar a esse novo valor unitário, usamos a coluna do “Saldo” e fizemos o seguinte cálculo: Total R$
Quantidade</td></tr>
<tr><td>5/04</td><td>-</td><td>-</td><td>-</td><td>150</td><td>11</td><td>1.650</td><td>50</td><td>11</td><td>550</td><td>Venda</td></tr>
<tr><td colspan="11">Nesta venda, o valor do CMV da venda (que é equivalente ao valor de saída do estoque) foi calculado pelo método MPM, que considera o último custo médio calculado como o valor unitário a ser utilizado para calcular o do custo (CMV) desta venda.</td></tr>
</table>

10/04	300	11	3.300	-	-	-	350	11	3.850	Compra
Nesta nova compra, repare que, ao contrário do que utilizamos no método anterior, continuamos a usar um único valor médio unitário referente ao custo de aquisição dos estoques. A cada entrada, um novo valor deverá ser calculado para que seja utilizado para calcular o CMV das novas vendas até que a empresa compre ou tenha entrada de novos estoques e, eventualmente, isso afete novamente este valor médio.										
15/04	-	-	-	200	11	2.200	150	11	1.650	Venda
Novamente, ao registrar a saída da mercadoria, calculamos o CMV pelo mesmo método MPM. Estamos usando a convenção da Consistência (que pede que usemos sempre os mesmos critérios de cálculos para que a contabilização dos valores movimentados não tenha impacto fora da realidade).										

Vamos ver a contabilização dessas operações:

Diário

DATA	Nº LANÇAMENTO	DESCRIÇÃO	VALORES	
			DÉBITOS	CRÉDITOS
1/04	1	Compra à vista de estoques		
		D – estoques (ver coluna de entrada do controle de estoques)	1.000	
		C – caixa		1.000
3/04	2	Compra a prazo de estoques		
		D – estoques (ver coluna de entrada do controle de estoques)	1.200	
		C – fornecedores a pagar		1.200
5/04	3	Venda à vista de estoques		
		D – caixa (150 unidades * R$ 50,00 (preço de venda))	7.500	
		C – Receita com Vendas (DRE)		7.500
		D – CMV (ver coluna de saída do controle de estoques)	1.650	
		C – estoques		1.650
10/04	4	Compra à vista de estoques		
		D – estoques (ver coluna de entrada do controle de estoques)	3.300	
		C – caixa		3.300
15/04	5	Venda a prazo de estoques		
		D – Contas a receber (clientes) (200 unidades * R$ 60,00 (preço de venda))	12.000	
		C – Receita com Vendas		12.000
		D – CMV (ver coluna de saída do controle de estoques)	2.200	

DATA	Nº LANÇA-MENTO	DESCRIÇÃO	VALORES	
			DÉBITOS	CRÉDITOS
		C – estoques		2.200
Apuração do resultado (usaremos letras para diferenciar dos lançamentos)				
30/4	(a)	D – Receita com vendas	19.500	
		C – ARE		19.500
	(b)	D – ARE	3.850	
		C – CMV		3.850
	(c)	D – ARE	15.650	
		C – Lucro		15.650

Razão

Caixa	
10.000	1.000(1)
(3)7.500	3.300(4)
13.200	

Estoques	
(1)1.000	1.600(3)
(2)1.200	2.250(5)
(4) 3.300	
1.650	

Contas a receber	
(5)12.000	
12.000	

Capital social	
	10.000
	10.000

Lucro	
	15.650(c)
	15.650

Fornecedores a pagar	
	1.200(2)
	1.200

Receita com vendas	
	7.500(3)
	12.000(5)
(a)19.500	19.500

CMV	
(3)1.600	
(5)2.250	
3.850	3.850 (b)

ARE	
(b)3.850	19.500(a)
(c)15.650	15.650

BALANÇO PATRIMONIAL FINDO EM 30/4/XX			
Ativo		**Passivo**	
Caixa	13.200	Fornecedores a pagar	1.200
Contas a receber	12.000		
Estoques	1.650		
		Patrimônio líquido	
		Capital social	10.000
		Lucro	15.650
Total	**26.850**	**Total**	**26.850**

DRE	
Receita bruta de vendas	19.500
- deduções	—
= Receita líquida de vendas	19.500
- CMV	3.850
= Lucro bruto operacional	15.650
/	/
= Lucro líquido	15.650

Embora os saldos finais tenham ficado coincidentemente iguais, repare nos valores internos lançados no razonete do CMV e na área de créditos (lado direito do razonete) da conta de estoques e veja como os dois lançamentos ficaram diferentes dos mesmos razonetes (de CMV e do estoque) do método anteriormente utilizado (PEPS).

@ NOTA!

Em tempos anteriores também se falava em um terceiro método de avaliação dos estoques, o UEPS (última mercadoria que entra é a primeira que sai). Há muito tempo, este método não era aceito pela legislação do imposto de renda e tampouco preservava a integridade do controle físico dos estoques; assim, por esses motivos, caiu em desuso. Atualmente, tal método também não é aceito pela legislação vigente da Contabilidade. Por isso, não vamos nos aprofundar neste assunto.

DEDUÇÕES DAS VENDAS

As deduções das vendas são os valores retirados do faturamento bruto, ou seja, não ficam com a empresa e, por isso, devem ser subtraídos da venda bruta, de forma que possamos chegar à receita líquida da venda. Mais à frente, quando você for analisar as demonstrações financeiras de uma empresa, usará a receita líquida para calcular as margens de ganho e outros índices de rentabilidade e retorno que serão vistos nessa oportunidade.

Mas não pense que o valor da receita bruta é menos importante que o da receita líquida, pois a contrapartida da receita bruta é a conta de contas a receber para as vendas realizadas a prazo, ou o caixa, para as vendas realizadas à vista.

Vamos ver um exemplo e depois fundamentar nossa explicação sobre as deduções. Imagine que você representa uma loja revendedora de camisetas, a Roupa Linda, e comprou a prazo uma camiseta na loja Bela Roupa, para revendê-la depois, pagando por ela R$ 50,00. Esse foi o valor de venda da loja na qual você comprou a camiseta para revender. Na contabilidade da loja Bela Roupa, ocorreu o seguinte registro pela venda:

- D: Contas a receber (do cliente Roupa Linda) R$ 50,00
- C: Receita bruta de vendas R$ 50,00

Ainda, dando sequência ao nosso exemplo, vamos imaginar que essa mesma camiseta tivesse sido comprada pela loja por R$ 20,00. Assim, no momento da venda, também houve o registro da saída do estoque. Ficou assim:

- D: CMV R$ 20,00
- C: estoque (de camisetas) R$ 20,00

7.3.1 Impostos sobre vendas

Para concluir essa operação, vamos imaginar que o imposto sobre essa venda realizada pela loja de camisetas seja de R$ 10,00.

Incluído no preço que a loja cobrou de você está o imposto que incide sobre as vendas. Ele já vem agregado ao valor de venda. O que vai acontecer na sequência é que a empresa, depois da venda, retira o valor do imposto e recolhe para o governo.

Neste momento, então, para concluir o lançamento desta loja, deve ser feito o reconhecimento do imposto a pagar decorrente dessa venda realizada. Sua contabilização será:

- D: imposto sobre vendas (é uma das deduções da DRE) R$ 10,00
- C: imposto a recolher (fica no Passivo Circulante) R$ 10,00

Vamos repetir o lançamento todo a seguir:

Pela venda:

- D: Contas a receber R$ 50,00
- C: Receita bruta de vendas R$ 50,00

Pelo reconhecimento do custo:

- D: CMV R$ 20,00
- C: estoque (de camisetas) R$ 20,00

Pelo reconhecimento do imposto sobre vendas:

- D: imposto sobre vendas (é uma das deduções da DRE) R$ 10,00
- C: imposto a recolher (fica no Passivo Circulante) R$ 10,00

#NA PRÁTICA

Vamos ver como isso fica na contabilidade: Para isso, vamos supor que haja um balanço inicial com R$ 1.000,00 em caixa, R$ 1.000,00 em estoques e R$ 2.000,00 em capital social.

Caixa	
1.000	
1.000	

Estoques	
1.000	20(1)
980	

Contas a receber	
(1)50	
50	

Capital social	
	2.000
	2.000

Lucro	
	20(d)
	20

Impostos a recolher	
	10(1)
	10

CMV	
(1)20	20(c)

Receita com vendas	
(a)50	50(1)

Impostos sobre vendas	
(1)10	10(b)

ARE	
(b)10	50(a)
(c)20	
(d)20	20

BALANÇO PATRIMONIAL DA LOJA BELA ROUPA			
Ativo		**Passivo**	
Caixa	1.000	Impostos a recolher	10
Contas a receber	50		
Estoques	980		
		Patrimônio líquido	
		Capital social	2.000
		Lucro	20
Total	**2.030**	**Total**	**2.030**

DRE	
Receita bruta de vendas	50
– Deduções	(10)
= Receita líquida de vendas	40
– CMV	(20)
= Lucro bruto operacional	20
/	/
= Lucro líquido	20

Agora que já vimos como calcular o imposto sobre a venda, vamos fazer um exercício mais completo para compreender o movimento de impostos que incidem sobre as compras e vendas dos estoques.

7.3.1.1 Impostos a recuperar × impostos a recolher

Sobre as operações de compras e vendas, pagamos diversos impostos, como ICMS, IPI e, dependendo do produto, alguns outros tributos. Quando realizamos uma compra, nosso fornecedor embute o imposto que deverá recolher no preço do produto que estamos comprando. A legislação determina que, para que não ocorra bitributação (ou seja, pagamento do mesmo imposto duas vezes), a empresa registre o imposto de compra como a recuperar (ficará no Ativo Circulante da companhia) e o imposto sobre a venda como a recolher (ficará no Passivo Circulante da companhia). No dia do pagamento do imposto, deverá confrontar os dois valores e pagar a diferença, caso haja.

Com isso, vem a seguinte pergunta:

#EXEMPLO PRÁTICO

Se a empresa paga ICMS e IPI pela ocasião da venda, ela recupera os dois na compra.

Se, no entanto, ela paga apenas ICMS pela ocasião da venda, ela recupera apenas esse imposto, mesmo tendo pago ICMS e IPI no momento da compra.

O imposto não recuperável da compra será incorporado como valor de custo do estoque.

Mas não vamos nos ater tão detalhadamente a quais são os tributos e seus percentuais ou formas de cálculo, pois isso certamente será tratado nas aulas sobre tributos que você terá pela frente em seu curso e, também, porque, dependendo do estado da União em que você esteja, as alíquotas (taxas) sobre os impostos podem ser diferentes.

Voltemos ao nosso exercício para compreensão deste tópico.

#NA PRÁTICA

Esta mesma empresa tem um Balanço Patrimonial inicial com os seguintes saldos: caixa R$ 10.000,00 e capital social R$ 10.000,00.

Vamos ver seu mapa de compras e vendas refletido em seu controle de estoques.

Compras e vendas de camisetas brancas do mês de abril/XX:

- 1/04: Compra à vista de 100 unidades a R$ 10,00 cada e imposto unitário de R$ 1,00.
- 3/04: Compra a prazo de 200 unidade a R$ 12,00 cada e imposto unitário de R$ 1,20.
- 5/04: Venda à vista de 150 unidades a R$ 50,00 cada e imposto unitário de R$ 5,00.
- 10/4: Compra à vista de 300 unidades a R$ 11,00 cada e imposto unitário de R$ 1,10.
- 15/4: Venda a prazo de 200 unidades a R$ 60,00 cada e imposto unitário de R$ 6,00.
- 16/4: Pagamento dos impostos devidos sobre vendas.

Pedem-se: mapa de controle dos estoques, considerando que a primeira mercadoria que entrar será a primeira mercadoria a sair; contabilização das operações de compras e vendas deste período, DRE e Balanço Patrimonial contabilizados pelo método das partidas dobradas (débitos e créditos).

A empresa recolherá (pagará) sobre a venda realizada os mesmos impostos que pagou quando comprou o estoque do seu fornecedor. Ou seja, no dia do pagamento dos impostos devidos sobre a venda, ela recuperará os impostos que já foram pagos na ocasião da compra, restando como valor a pagar apenas o saldo entre os impostos a recuperar (Ativo Circulante) e a recolher (Passivo Circulante).

Acompanhe o raciocínio e veja o que vai acontecer:

ESTOQUE DE: CAMISETAS BRANCAS					CONTA Nº...... (ENDEREÇO DO PLANO DE CONTAS)					
Data	**Entradas**			**Saídas**			**Saldo**			**Operação**
	Quantidade	**Valor unitário R$**	**Total R$**	**Quantidade**	**Valor unitário R$**	**Total R$**	**Quantidade**	**Valor unitário R$**	**Total R$**	
1/4	100	9	900				100	9	900	Compra
3/4	100	10,8	1.080				200	100*9 100*10,8	1.980	Compra
Repare que as compras foram registradas pelo seu valor líquido dos impostos incidentes sobre as compras.										
5/4	-	-	-	150	100*9 50*10,8	1.440	50	50*10,8	540	Venda
Nesta venda, o valor do CMV da venda (que é equivalente ao valor de saída do estoque) foi calculado pelo método PEPS, o qual considera que a primeira mercadoria que entra é a primeira que sai.										
10/4	300	9,9	2.970	-	-	-	350	50*10,8 300*9,9	3.510	Compra
Nesta nova compra, repare que novamente acumulamos as mercadorias separadas pelos lotes de compras. Veja que foram compradas por preços diferentes também.										
15/4	-	-	-	200	50*10,8 150*9,9	2.025	150	150*9,9	1.485	Venda
Novamente, ao registrar a saída da mercadoria, calculamos o CMV pelo mesmo método PEPS.										

Vamos ver a contabilização dessas operações:

Diário

DATA	Nº LANÇAMENTO	DESCRIÇÃO	VALORES	
			DÉBITOS	CRÉDITOS
1/04	1	Compra à vista de estoques		
		D – estoques (ver coluna de entrada do controle de estoques)	900	
		D – impostos a recuperar	100	
		C – caixa		1.000

DATA	Nº LANÇAMENTO	DESCRIÇÃO	VALORES	
			DÉBITOS	CRÉDITOS
3/04	2	Compra a prazo de estoques		
		D – estoques (ver coluna de entrada do controle de estoques)	1.080	
		D – impostos a recuperar	120	
		C – fornecedores a pagar		1.200
5/04	3	Venda à vista de estoques		
		D – caixa (150 unidades * R$ 50,00 (preço de venda))	7.500	
		C – Receita com Vendas (DRE)		7.500
		D – impostos sobre vendas (150 * R$ 5,00)	750	
		C – impostos a recolher		750
		D – CMV (ver coluna de saída do controle de estoques)	1.440	
		C – estoques		1.440
10/4	4	Compra à vista de estoques		
		D – estoques (ver coluna de entrada do controle de estoques)	2.970	
		D – impostos a recuperar	330	
		C – caixa		3.300
15/4	5	Venda a prazo de estoques		
		D – contas a receber (clientes) (200 unidades * R$ 60 (preço de venda))	12.000	
		C – receita com vendas		12.000
		D – impostos sobre vendas	1.200	
		C – impostos a recolher		1.200
		D – CMV (ver coluna de saída do controle de estoques)	2.025	
		C – estoques		2.025
30/4	6	Pagamento dos impostos sobre vendas		
		D – impostos a recolher	1.950	
		C – impostos a recuperar		550
		C – caixa		1.400
Apuração do Resultado (usaremos letras para diferenciar dos lançamentos)				
30/4	(a)	D – receita com vendas	19.500	
		C – ARE		19.500
	(b)	D – ARE		
		C – CMV		
	(c)	D – ARE		

DATA	Nº LANÇA-MENTO	DESCRIÇÃO	VALORES	
			DÉBITOS	CRÉDI-TOS
		C – imposto sobre vendas		
	(d)	D – ARE		
		C – lucro		

Razão

Caixa	
10.000	1.000 (1)
(3) 7.500	3.300 (4)
	1.400 (6)
11.800	

Estoques	
(1) 900	1.440 (3)
(2) 1.080	2.025(5)
(4) 2.970	
1.485	

Contas a receber	
(5) 12.000	
12.000	

Capital social	
	10.000
	10.000

Lucro	
	14.085(d)
	14.085

Fornecedores a pagar	
	1.200(2)
	1.200

Impostos a recuperar	
(1)100	550(6)
(2) 120	
(4) 330	
0	

Impostos a recolher	
(6)1.950	750(3)
	1.200(5)
	0

ARE	
(b)3.465	(a)19.500
(c)1.950	
(d)14.085	

Receita com vendas	
	7.500(3)
	12.000(5)
(a)19.500	19.500

CMV	
(3)1.440	
(5)2.025	
3.465	3.465(b)

Impostos sobre vendas	
(3)750	
(5)1.200	
1.950	1.950(c)

BALANÇO PATRIMONIAL FINDO EM 30/4/XX			
Ativo		**Passivo**	
Caixa	11.800	Fornecedores a pagar	1.200
Contas a receber	12.000		
Estoques	1.485		
		Patrimônio líquido	
		Capital social	10.000
		Lucro	14.085
Total	**25.285**	**Total**	**25.285**

DRE	
Receita bruta de vendas	19.500
- deduções	(1.950)
= Receita líquida de vendas	17.550
- CMV	(3.465)
= Lucro bruto operacional	14.085
/	/
= Lucro líquido	14.085

7.3.2 Devoluções

As devoluções de mercadorias vendidas e compradas ocorrem por vários motivos, quer ocorram por arrependimento da compra por parte do comprador, quer por outros problemas, como defeitos não percebidos no momento da compra, produtos que não servem em tamanho ou cor desejada etc.

a) **Pelo ponto de vista do comprador**, é um estoque que será reduzido de sua conta de estoques pela ocasião da devolução, bem como deverá receber o reembolso do dinheiro dispendido pelo comprador no momento da compra.

b) **Pelo ponto de vista do vendedor**, o estoque está voltando para a empresa que realizou a venda, e esta deverá enviar o dinheiro ou cancelar as contas a receber referentes a essa operação. Assim, a empresa que recebeu a devolução não terá mais o valor a receber desta venda nem o imposto a pagar sobre esta operação, e terá o estoque de volta. Caso o estoque tenha sido devolvido por motivo de arrependimento de compra por parte do comprador, ele será reincorporado aos Ativos da empresa. Caso o estoque esteja perdido por estar com algum defeito não percebido no momento da venda, como dissemos anteriormente, ele será considerado despesa com perda de estoques (na linha de despesa com vendas da DRE).

Vamos fazer um novo exercício para compreender melhor o evento da devolução pela prática de sua contabilização.

#NA PRÁTICA

Considerando que a empresa Carro Novo tem os seguintes saldos iniciais – caixa R$ 10.000,00 e capital social R$ 10.000,00 – e fez as seguintes compras e vendas no mês de julho/XX:

- 01/07: Compra à vista da empresa Motores Bons de 100 motores a R$ 50,00 cada, com imposto unitário de R$ 5,00.
- 02/07: Compra a prazo de 100 motores a R$ 60,00 cada, com imposto unitário de R$ 6,00.
- 03/07: Devolução de 20 unidades compradas em 01/07 da empresa Motores Bons.
- 04/07: Venda à vista de 150 unidades de motores por R$ 150,00 cada, com imposto unitário de R$ 15,00.
- 10/7: Devolução de 50 unidades vendidas no dia 04/07, sendo que 20 motores estavam com defeito e foram descartados, e os demais devolvidos foram incorporados novamente nos estoques.
- 15/7 – Pagamento dos impostos sobre as vendas do período.

Pedem-se: Contabilização dos eventos utilizando o controle dos estoques com avaliação em MPM. Elaboração do Balanço Patrimonial e da DRE da empresa.

Acompanhe a solução a seguir:

ESTOQUE DE: MOTORES					CONTA Nº...... (ENDEREÇO DO PLANO DE CONTAS)					
Data	**Entradas**			**Saídas**			**Saldo**			**Operação**
	Quantidade	**Valor unitário R$**	**Total R$**	**Quantidade**	**Valor unitário R$**	**Total R$**	**Quantidade**	**Valor unitário R$**	**Total R$**	
01/07	100	45	4.500				100	45	4.500	Compra
02/07	100	54	5.400				200	49,5	9.900	Compra
03/07	(20)	45	(900)				180	50	9.000	Devolução da compra
A devolução é uma operação negativa. Portanto, a devolução da compra será considerada negativa na entrada; e a da venda, negativa na saída. Acompanhe o raciocínio.										
04/07	-	-	-	150	50	7.500	30	50	1.500	Venda
Como o controle dos estoques está fundamentado no método MPM, a cada movimentação o valor médio do estoque poderá sofrer alteração. Por isso, sempre utilizaremos o último saldo unitário calculado para identificar na coluna de saída deste mapa de controle o preço de custo da venda.										

10/07				(50)	50	(2.500)	60	50	3.000	Devolução da Venda
Vamos lembrar que dos 50 motores devolvidos apenas 30 foram reincorporados aos Ativos. Os demais foram descartados, por estarem com defeitos irreparáveis.										
Novamente, ao registrar a saída da mercadoria, calculamos o CMV pelo mesmo método MPM. O valor total da coluna de saída deve ser o mesmo que o CMV contabilizado.										

Vamos ver a contabilização dessas operações:

Diário

DATA	Nº LANÇAMENTO	DESCRIÇÃO	VALORES	
			DÉBITOS	CRÉDITOS
01/07	1	Compra à vista de estoques		
		D – estoques (ver coluna de entrada do controle de estoques)	4.500	
		D – impostos a recuperar	500	
		C – caixa		5.000
02/07	2	Compra a prazo de estoques		
		D – estoques (ver coluna de entrada do controle de estoques)	5.400	
		D – impostos a recuperar	600	
		C – fornecedores a pagar		6.000
03/07	3	Devolução da compra realizada no dia 1/7		
		D – caixa	1.000	
		C – estoques		900
		C – impostos a recolher (este imposto está contabilizado no passivo, pois compensará o imposto da recuperar lançado no ativo na ocasião da compra)		100
05/07	4	Venda à vista de estoques		
		D – caixa (150 unidades * R$ 150,00 (preço de venda))	22.500	
		C – Receita com vendas (DRE)		22.500
		D – impostos sobre vendas (150 *R$ 15,00)	2.250	
		C – impostos a recolher		2.250
		D – CMV (ver coluna de saída do controle de estoques)	7.500	
		C – estoques		7.500
10/7	5	Devolução da venda		
		D – estoques (ver coluna de saída do controle de estoques)	1.500	

DATA	Nº LANÇAMENTO	DESCRIÇÃO	VALORES	
			DÉBITOS	CRÉDITOS
		D – Despesa (pela devolução do estoque com defeito)	1.000	
		C – CMV		2.500
		D – Devolução de vendas (50 unidades devolvidas que haviam sido vendidas por R$ 150,00 cada)	7.500	
		C – caixa		7.500
		D – Impostos a recuperar (para compensar com o imposto a recolher lançado na ocasião da venda)	750	
		C – imposto sobre vendas		750
15/7	5	Pagamento dos impostos		
		D – impostos a recolher	2.350	
		C – impostos a recuperar		1.850
		C – caixa		500
Apuração do resultado (usaremos letras para diferenciar dos lançamentos)				
30/07	(a)	D – receita com vendas	22.500	
		C – ARE		22.500
	(b)	D – ARE	5.000	
		C – CMV		5.000
	(c)	D – ARE	1.500	
		C – imposto sobre vendas		1.500
	(d)	D – ARE	7.500	
		C – devolução de vendas		7.500
	(e)	D – ARE	1.000	
		C – despesa com vendas		1.000
	(f)	D – ARE	7.500	
		C – Lucro		7.500

Razão

Caixa	
10.000	5.000(1)
(3)1.000	7.500(5)
(4)22.500	500(6)
20.500	

Estoques	
(1)4.500	900(3)
(2)5.400	7.500(4)
(5)1.500	
3.000	

Impostos a recuperar	
(1)500	
(2)600	
(5)750	
1.850	1.850(6)
0	

Capital social	
	10.000

Lucro	
	7.500(f)

Fornecedores a pagar	
	6.000(2)
	6.000

Impostos a recolher	
	100(3)
	2.250(4)
(6)2.350	2.350
0	

ARE	
(b)5.000	22.500(a)
(c)1.500	
(d)7.500	
(e)1.000	
(f) 7.500	7.500

Receita com vendas	
(a)22.500	22.500(4)

CMV	
(4)7.500	2.500(5)
5.000	5.000(b)

Impostos sobre vendas	
(4)2.250	750(5)
1.500	1.500(c)

Devoluções de vendas	
(5)7.500	7.500(d)

Despesa com vendas	
(5)1.000	1.000(e)

BALANÇO PATRIMONIAL FINDO EM 30/4/XX			
Ativo		**Passivo**	
Caixa	20.500	Fornecedores a pagar	6.000
Estoques	3.000		
		Patrimônio líquido	
		Capital social	10.000
		Lucro	7.500
Total	**23.500**	**Total**	**23.500**

DRE	
Receita bruta de vendas	22.500
- impostos sobre vendas	(1.500)
- devoluções	(7.500)
= Receita líquida de vendas	13.500
- CMV	(5.000)
= Lucro bruto operacional	8.500
- despesas com vendas	(1.000)
= Lucro líquido	7.500

7.3.3 Abatimentos

Os abatimentos representam reduções de preço, como se fossem descontos, que são dados obtidos depois que a mercadoria já está nas mãos do cliente (no caso de vendas) ou do comprador (para o caso das compras).

Essa redução de preço ocorre porque o produto vendido apresentou algum defeito de fabricação ou alguma avaria ou atraso na entrega decorrente do transporte ou da instalação, mas que não afeta seu funcionamento e a segurança de uso do item em questão.

Vamos ver como fica a contabilização de operações que envolvam abatimentos:

#NA PRÁTICA

A empresa de decoração Casa Linda presta serviços de decoração e acabamento em construções. Para que ela preste seus serviços, compra os materiais necessários para aplicar em seus projetos. Em um projeto de decoração de uma agência de automóveis, ela ficou responsável pela instalação de um piso vinílico.

1. Compra a prazo de 1.000 m² de piso vinílico que será utilizado na prestação de serviços acima descrita, por R$ 45,00 o m². Como será feita essa contabilização?

- D: estoque de materiais R$ 45.000,00
- C: fornecedores de pisos R$ 45.000,00

Porém, parte do piso veio com uma coloração um pouco diferente, o que não representou um problema para a obra, pois o piso foi colocado em diversos ambientes diferentes, sendo que em nenhum deles a diferença ficou aparente. No entanto, em virtude do "defeito", o arquiteto entrou em contato com seu fornecedor e fez uma reclamação sobre o fato. O fornecedor do piso ofereceu um abatimento de 10% sobre o valor original da compra e devolveu essa quantia em dinheiro para a empresa de decoração Casa Linda.

Pedem-se: calcule o custo de material desta obra.

- Estoque de materiais = R$ 45.000,00
- Abatimento obtido = R$ 45.000,00 x 10% = R$ 4.500,00

2. Contabilizando este evento:

- D: caixa R$ 4.500,00
- C: estoque R$ 4.500,00

Vamos passar esse exemplo para os razonetes:

Caixa	
(2)4.500	

Estoques	
45.000	4.500(2)
40.500	

Fornecedores	
	45.000(1)

Resposta: O custo de material desta obra foi de R$ 40.500,00.

#NA PRÁTICA

Vamos ver agora o "outro lado da moeda".

A loja de brinquedos Alegria vendeu à vista para uma empresa 100 jogos educativos por R$ 30,00 cada (sabe-se que esse estoque da loja havia custado R$ 15,00 cada jogo), que serão distribuídos aos filhos dos funcionários dessa empresa, pela ocasião do dia das crianças. Acontece que, no transporte, algumas caixas ficaram um pouco amassadas, e a empresa compradora reclamou com a loja de brinquedos Alegria, que ofereceu um abatimento de 20% sobre o valor pelo qual ela havia vendido os jogos educativos, devolvendo o dinheiro no ato.

Pedem-se: faça a contabilização deste abatimento concedido sobre a venda realizada pela loja de brinquedos Alegria e a DRE completa desta operação.

1. Pela operação de venda:
- D: caixa R$ 3.000,00
- C: Receita com vendas R$ 3.000,00
- D: CMV R$ 1.500,00
- C: estoque R$ 1.500,00

2. Pela ocasião do abatimento concedido:
- D: abatimento R$ 300,00
- C: caixa R$ 300,00

Vamos passar essa operação para os razonetes:

Caixa	
(1)3.000	300(2)
2.700	

Estoques	
Saldo inicial 1.500	1.500(1)
0	

Receita com vendas	
(a)3.000	3.000(1)

CMV	
(1)1.500	1.500(b)

Abatimento	
(2)300	300(c)

ARE	
(b)1.500	3.000(a)
(c)300	
(d)1.200	1.200

Lucro	
	1.200(d)
	1.200

Este é um recorte da contabilidade desta empresa. Por certo, haverá outras contas que complementarão os saldos que serão enviados ao Balanço Patrimonial da companhia.

DRE	
Receita Bruta de Vendas	3.000
– abatimentos	(300)
= receita líquida de vendas	2.700
– CMV	(1.500)
= lucro bruto operacional	1.200
/	/
= Lucro líquido	1.200

DESPESAS DE VENDAS

As despesas com vendas são as contas ligadas aos gastos e/ou riscos incorridos decorrentes das operações de vendas. Por elas, reconhecemos todos os gastos incorridos para que a venda fosse realizada, mas que não representam os gastos incorridos na elaboração dos produtos que a empresa está negociando; por exemplo, as comissões sobre as vendas que devem ser pagas aos vendedores, bem como eventuais despesas adicionais geradas na operação de vendas, fretes para entrega das mercadorias aos clientes da companhia, despesas de divulgação e publicidade etc.

A seguir, vamos abordar algumas dessas despesas.

PROVISÃO PARA CRÉDITOS DE LIQUIDAÇÃO DUVIDOSA (PCLD)

A provisão para créditos de liquidação duvidosa é constituída com a finalidade de reduzir as contas a receber à sua verdadeira expectativa de realização (recebimento).

Quando a empresa vende seus produtos a prazo, via de regra analisa a situação de crédito dos seus clientes. No entanto, mesmo que essa análise tenha sido feita, é possível que alguns clientes não honrem os compromissos assumidos. Isso pode ocorrer por vários motivos. Por isso, quando a empresa divulga suas demonstrações financeiras, é muito importante que ela mostre os saldos dos recebíveis o mais próximo possível da realidade.

A PCLD ou PDD (provisão para devedores duvidosos), como também é conhecida, é uma conta redutora do Ativo, criada para ajustar as contas a receber que talvez não venham a ser recebidas.

Ela é uma conta credora e está classificada como um Ativo Circulante. É apresentada como redutora das contas a receber, e sua contrapartida no lançamento contábil é a conta de despesas com vendas.

Vamos ver como esta conta recebe sua movimentação.

#NA PRÁTICA

A Vende Bem tem um capital social de R$ 2.000,00 e um estoque inicial de R$ 2.000,00. Fez sua venda a prazo desses estoques por R$ 5.000,00.

Vamos contabilizar esta operação:

- D: contas a receber R$ 5.000,00
- C: receita com vendas R$ 5.000,00
- D: CMV R$ 2.000,00
- C: estoques R$ 2.000,00

Passado um tempo, o cliente desta venda que acabamos de registrar começa a atrasar os pagamentos. A empresa Vende Bem analisou esses atrasos e identificou um risco de não recebimento de parte do valor correspondente à venda para este cliente e resolve realizar a PCLD de 5% sobre as contas a receber.

Vamos contabilizar o fato:

- D: despesa com vendas R$ 250,00 (5.000,00 * 5%)
- C: PCLD R$ 250,00 (conta negativa do Ativo Circulante)

Como ficariam o razão, a DRE e o Balanço Patrimonial?

Contas a receber	
(1)5.000	

Estoques	
2.000	2.000(1)

PCLD	
	250(2)

Receita com vendas	
(a)5.000	5.000(1)

CMV	
(1)2.000	2.000(b)

Despesa com vendas	
(2)250	250(c)

ARE	
(b)2.000	5.000(a)
(c)250	
(d)2.750	2.750

Lucro	
	2.750(d)

Capital social	
	2.000

BALANÇO PATRIMONIAL DA LOJA VENDE BEM			
Ativo		**Passivo**	
Contas a receber	5.000		
PCLD	(250)		
		Patrimônio líquido	
		Capital social	2.000
		Lucro	2.750
Total	**4.750**	**Total**	**4.750**

DRE	
Receita bruta de vendas	5.000
– deduções	—
= Receita líquida de vendas	5.000
– CMV	(2.000)
= Lucro bruto operacional	3.000
– despesas com vendas (PCLD)	(250)
= Lucro líquido	2.750

Dando sequência ao tema, vamos imaginar agora que este cliente realmente não quitou integralmente o que devia, e a empresa Vende Bem concretizou a perda de 5% dessas contas a receber. Como seria a contabilização?

#NA PRÁTICA

Vamos partir do último Balanço Patrimonial:

Contas a receber	
5.000	5.000(1)

PCLD	
(1)250	250

Caixa	
(1)4.750	

Vejamos o lançamento no diário:

- D: caixa R$ 4.750,00 (pelo recebimento do dinheiro)
- D: PCLD R$ 250,00 (pelo reconhecimento da efetiva perda do valor previsto como irrecebível)
- C: Contas a receber R$ 5.000,00 (pela baixa das contas a receber da carteira de clientes da loja Vende Bem)

Aí você poderá estar com a seguinte dúvida: mas, se houve uma perda, não seria necessário lançar essa perda na DRE?

Resposta: Não, pois esse lançamento já foi feito quando houve o reconhecimento e constituição da PCLD.

Mas, você, que é uma pessoa curiosa e investigativa, faz uma nova pergunta: e se, ao contrário da perda da PCLD, o cliente tivesse quitado todas as contas a receber, como ficaria a situação da perda prevista (e já lançada como uma perda do lucro da loja Vende Bem?)

Resposta: Nós deveremos reverter essa perda, fazendo o lançamento inverso ao que foi feito quando de seu reconhecimento. Como fica? Veja a seguir:

Contas a receber	
5.000	5.000(1)

PCLD	
(1)250	250

Caixa	
5.000	

Receita de reversão da despesa com devedores duvidosos	
(a)250	250(1)

ARE	
(b)250	250(a)

Lucro	
	250(b)

O diário desta operação fica assim:

- D: PCLD R$ 250,00 (pelo ajuste a uma perda que não se concretizou)

- C: receita de reversão da despesa com devedores duvidosos R$ 250,00 (com esta receita, a despesa criada na constituição da provisão fica anulada. Esta receita entra na DRE na linha de receitas operacionais, depois do Lucro Bruto Operacional).

Mas você ainda pode ter outras três perguntas. Vamos a elas:

1. E se a loja Vende Bem não tivesse feito a provisão para perdas das contas a receber dessa venda sobre a qual estamos falando nesta seção e o cliente deixasse de pagar R$ 500,00 da dívida relativa a essas contas a receber? Como ficaria essa contabilização?

Veja a seguir:

Contas a receber	
5.000	5.000(1)

Despesa com vendas	
(1)500	

Caixa	
(1)4.500	

- D: caixa R$ 4.500,00 (pelo recebimento efetivo)
- D: despesas com vendas R$ 500,00 pela perda incorrida nesta operação.
- C: contas a receber R$ 5.000,00 (pela baixa das contas a receber da carteira de clientes da Vende Bem).

2. E se esse cliente, passado um período, pagar o valor que ficou faltando à loja Vende Bem?

Resposta: É simples. Basta receber o dinheiro e reverter a despesa com a receita de reversão para perdas.

Veja a seguir:

- D: caixa R$ 500,00
- C: receita de reversão da despesa com vendas R$ 500,00

3. Como último comentário sobre não recebimentos (inadimplência), podemos supor que o cliente não pagará a dívida de forma alguma, pois está falido, por exemplo? Veja a contabilização da loja Vende Bem:

- D: despesa com vendas R$ 5.000,00
- C: contas a receber R$ 5.000,00

Via de regra, essas despesas com devedores duvidosos não são dedutíveis do imposto de renda a pagar no período. Há alguns casos específicos em que essa situação de dedutibilidade poderá ocorrer. No entanto, seria um aprofundamento no tema, que não cabe neste momento do seu aprendizado. Mas, caso você queira saber mais a respeito, poderá encontrar esse detalhamento na obra *Manual de contabilidade societária*, presente na Bibliografia deste livro.

DESCONTOS FINANCEIROS

Para finalizar, não podemos deixar de mencionar os descontos financeiros, que são operações geradoras de ganhos ou perdas pela movimentação de pagamentos ou recebimentos.

São operações de ganhos ou perdas decorrentes de quitações antecipadas de pagamentos ou recebimentos, relacionados às operações com mercadorias.

Como são operações de fundamento financeiro, não interferem nos cálculos de custo ou mesmo do lucro bruto operacional da companhia. São valores contabilizados na DRE como receitas ou despesas financeiras, fazendo parte, portanto, do resultado financeiro. Este, por sua vez, fica entre o lucro antes do resultado financeiro (LARF) e o lucro antes do imposto de renda (LAIR).

Quando o desconto é concedido, a empresa detentora das contas a receber está recebendo uma antecipação do seu cliente para quitação da duplicata a receber já anteriormente emitida, por ocasião de uma venda realizada no passado. Vamos ver o lançamento a seguir:

#NA PRÁTICA

A loja Vende Bem fez uma venda de R$ 2.000,00 para um cliente e deverá receber esse valor dentro de dois meses. Vamos supor que esse cliente resolva quitar antecipadamente essa dívida e peça um desconto (financeiro) para concluir esse pagamento.

Vamos ver como fica a contabilidade da loja Vende Bem, supondo que ela tenha dado (concedido) um desconto de 3% sobre as contas a receber, referentes a essa operação.

Contas a receber		Caixa		Despesa financeira (descontos concedidos)	
2.000	2.000(1)	(1)1.940		(1)60	

- D: caixa R$ 1.940,00
- D: despesas financeiras R$ 60,00
- C: contas a receber R$ 2.000,00

Na situação inversa, se a loja Vende Bem devesse R$ 3.000,00 a pagar dentro de 2 meses a seu fornecedor e resolvesse antecipar integralmente o pagamento pela antecipação do dinheiro, ela obteria (ganharia) um desconto financeiro de 3% sobre o valor pago.

Vamos ver a contabilização:

Fornecedores a pagar		Caixa		Receita financeira (descontos obtidos)	
(1)3.000	3.000		2.910(1)		90(1)

- D: fornecedores a pagar R$ 3.000,00
- C: caixa R$ 2.910,00
- C: receita financeira R$ 90,00

#ESTUDE MAIS

- DANTAS, July Caroline de Araújo. A importância do controle de estoque: estudo realizado em um supermercado na cidade de Caicó. Trabalho de Conclusão de Curso. Universidade Federal do Rio Grande do Norte, 2015.

#RECORDAR

Neste capítulo, abordamos o controle e a contabilização dos estoques, bem como seu impacto na formação do caixa e do lucro do período.

Abordamos os controles realizados pelos dois métodos de avaliação dos preços de custo das mercadorias, que são o método PEPS, em que a primeira mercadoria que entra é a primeira que sai; e o método MPM, que trata da média ponderada móvel, alterando o preço médio do custo do estoque a cada nova entrada de mercadoria na empresa.

Também, adicionalmente, tratamos tanto das deduções sobre as vendas quanto das despesas que eventualmente essas operações podem gerar.

Conceitos que esperamos que estejam claros para você após a leitura deste capítulo:

- Como controlar por diferentes métodos de avaliação (PEPS e MPM) e calcular o valor dos estoques da companhia.
- Como realizar sua contabilização.
- O efeito dos impostos sobre as compras e as vendas.
- Deduções geradas do processo de vendas.
- Despesas inerentes a essas operações.

Faça os exercícios do capítulo sem consultar a solução. Caso você consiga uma boa taxa de acertos (mais de 70%), siga em frente. Mas caso sua taxa de sucesso tenha sido menor que 70% de acertos, recomendamos que você volte a estudar o capítulo. Mas persevere... Este é um assunto que demanda um pouco mais de atenção. Para praticar um pouco mais todas essas informações, faça o exercício a seguir. Caso tenha alguma dificuldade, volte aos tópicos que mencionamos neste capítulo para sanar todas as suas dúvidas. Bons estudos!

#PARA TREINAR

1 Com base nos saldos iniciais e dos lançamentos a seguir, faça o controle dos estoques usando o método MPM contabilize os eventos no diário e no razão e, depois, apure a DRE e o Balanço Patrimonial.
Saldos iniciais: caixa R$ 100.000,00, capital social R$ 100.000,00.
Mapa de compras e vendas de aparelhos de ar-condicionado:

a) Compra à vista de 100 unidades de estoque a R$ 400,00 cada, com imposto unitário de R$ 40,00.

b) Pagamento de frete sobre a compra já realizada R$ 100,00.

c) Compra a prazo de 150 unidades de estoque a R$ 450,00 cada, com imposto unitário de R$ 45,00.

d) Devolução ao fornecedor de 20 unidades da compra 1 e 10 unidades da compra 2.

e) Venda à vista de 120 unidades de estoque a R$ 800,00 cada, com imposto unitário de R$ 80,00.

f) Devolução recebida de 20 unidades da venda anterior, sendo 10 unidades devolvidas por defeitos irreparáveis e 10 unidades por arrependimento de compra (voltaram para o estoque).

g) O comprador reclamou que outros 10 aparelhos vendidos foram riscados no transporte e pediu um abatimento de R$ 200,00 pelo ocorrido. A empresa concordou em conceder este abatimento sobre a venda.

h) Venda a prazo de 60 unidades de estoque a R$ 850,00 cada, com imposto unitário de R$ 85,00.

i) Reconhecimento de uma PCLD de 10% sobre as contas a receber.

j) Recebimento das contas a receber líquidas da PCLD, com desconto concedido de 3% sobre o valor total recebido.

k) Pagamento realizado aos fornecedores com desconto obtido de 2% sobre o total pago.

l) Pagamento de frete sobre a venda R$ 200,00.

m) Cálculo do imposto de renda sobre o lucro, com alíquota de 34% sobre o lucro.

Se você acertou entre sete e dez lançamentos, parabéns! Siga em frente!

Caso você tenha acertado entre um e seis lançamentos, é melhor reler o capítulo para reforçar o seu conhecimento um pouco mais. Lembre-se de que você ainda está na fase inicial do seu conhecimento e, como já dissemos anteriormente, os primeiros passos construirão seu alicerce do conhecimento deste tema!

OPERAÇÕES ESPECÍFICAS

Neste capítulo, você...

... entenderá que algumas contas apresentadas no Balanço Patrimonial sofrem ajustes que levam seus valores à realidade de concretização. Isso pode ou não impactar o resultado, dependendo do tipo de avaliação a ser realizada sobre cada tipo de bem. Por isso, neste capítulo, serão tratados vários ajustes de contas como exemplos destas situações.

No final do capítulo, você...

... compreenderá quais são os tipos de ajustes contábeis aceitos atualmente pela legislação, bem como quais são as bases para sua realização e as situações que geram ou não impacto no patrimônio da companhia.

8.1 FUNDAMENTOS

Ao longo deste livro, estamos vendo que a Contabilidade traz em si uma metodologia de registro dos eventos realizados por uma empresa que têm algum impacto financeiro. Portanto, é fundamental que esses valores apontados como Ativos, Passivos ou Patrimônio Líquido estejam sempre o mais próximo possível da realidade. Isso significa dizer que alguns valores devem ser ajustados para que isso ocorra.

Esses ajustes podem ocorrer nas três grandes áreas que compõem o balanço patrimonial, como os Ativos, os Passivos e o Patrimônio Líquido.

Para esta etapa do seu conhecimento, separamos alguns ajustes que consideramos os mais importantes para que você saiba agora. Mas há vários outros que, à medida que formos aprofundando nossa experiência e nosso estudo, também se farão presentes.

Vamos lembrar dois fatores muito importantes:

1. Todos os valores que chegam à empresa são originalmente contabilizados pelo seu valor de aquisição (compra). Isso acontece porque há o princípio contábil do custo original (de aquisição) como base de valor, o qual exige que todos os valores tenham seu registro inicial pelo preço de compra.

   Porém isso não significa que na data do balanço esses bens, direitos ou obrigações estejam realmente valendo o valor que tinham quando foram adquiridos. E é por isso que surge a necessidade dos ajustes.

2. Isso ocorre porque a empresa precisa apresentar seus valores da forma mais conservadora possível. O conservadorismo é uma convenção contábil que diz que entre o valor de compra e o justo valor (ou de mercado) sempre valerá o menor dos dois.

Com base nesses conceitos, vamos aos vários ajustes que separamos para esta etapa do seu conhecimento.

8.2 RECONHECIMENTOS DIVERSOS

Há várias operações de ajustes das contas que são apresentadas nas demonstrações financeiras de cada período. Para que isso ocorra, são necessários elementos que justifiquem esses ajustes, como desgaste por uso, tempo decorrido da aquisição de um determinado direito e assim por diante. Veja, a seguir, as principais alterações que ocorrem por ajustes na Contabilidade.

8.2.1 Depreciação e amortização

A depreciação e a amortização incidem sobre os bens e direitos do permanente, contabilizados como imobilizados e intangível, respectivamente.

Ambos reconhecem a perda de valor dos bens e direitos originalmente contabilizados nessas contas. Vejamos a seguir.

8.2.1.1 Depreciação

A depreciação é uma conta credora de Ativo cuja contrapartida é uma conta de despesa operacional e que é calculada para reconhecer a perda de valor dos bens do imobilizado. Essa perda de valor pode ocorrer por desgaste gerado pelo uso e/ou também pela deterioração e/ou obsolescência.

Há várias fórmulas para fazer seu cálculo, porém a mais utilizada pela maioria das empresas é a da depreciação linear. Este método de cálculo, que será usado em nossos exemplos, prevê a vida útil do bem de acordo com expectativa sobre a possibilidade que este tem de gerar retorno econômico para a empresa, ou seja, por quanto tempo esse bem será produtivo e rentável para a companhia; e, por isso, calcula-se a depreciação ao longo desse tempo estimado, em cotas de igual valor.

Mas, antes de aprendermos a contabilização deste fato, vamos falar mais um pouco sobre o controle dos bens imobilizados da empresa.

Toda empresa deve ter um controle de todos os seus bens imobilizados. Eles devem estar devidamente identificados e registrados na contabilidade.

É usual que a empresa faça o inventário (contagem) periódico dos seus imobilizados, pelo menos uma vez ao ano, assim como ela faz dos seus estoques. A empresa deve verificar se os imobilizados estão no lugar certo da empresa e se estão em bom estado de funcionamento.

Caso a empresa verifique que esses Ativos estejam quebrados ou malcuidados, deverá providenciar seu reparo ou baixar (tirar) de sua contabilidade, reconhecendo a perda do bem por estar com algum problema irreparável.

Isso também vale para os bens que eventualmente foram tirados da empresa por algum motivo alheio ao seu conhecimento, como um furto, por exemplo. Assim que descoberto, deve ser baixado da contabilidade. Caso a empresa tenha seguro, quando receber de volta o novo bem, deverá proceder nova contabilização desse novo fato.

Caso a empresa não tenha como calcular o valor residual do bem após sua vida útil, a depreciação acumulará o saldo até que iguale seu valor ao bem que está depreciando. Caso contrário, o valor depreciável será o custo de aquisição líquido do valor residual do bem. Sobre esse valor líquido do imobilizado, serão aplicados os cálculos da depreciação do período. E, no momento em que o bem já foi depreciado em sua íntegra e/ou seu uso foi descontinuado, a empresa dará baixa do bem e de sua depreciação em seus Ativos.

Depreciação: a depreciação de qualquer bem é calculada pelo tempo proporcional de uso e de aquisição.

Mas vamos ao cálculo da depreciação.

#NA PRÁTICA

A empresa comprou duas máquinas a prazo, por meio de um financiamento a pagar em 3 anos, com o primeiro pagamento a partir de 1 ano (dívida contraída a longo prazo) – uma em 01/02/XX por R$ 20.000,00, e outra por R$ 30.000,00 em 01/07/XX. A taxa de depreciação anual que a empresa adotou foi a mesma que a sugerida pela legislação do imposto de renda, de 10% ao ano. Vale dizer que a previsão de vida útil de cada máquina é de 10 anos, e não temos valor residual calculado. Portanto, a depreciação incidirá sobre o valor original integral do bem.

Pede-se:

- Contabilize a compra das máquinas.
- Contabilize o cálculo da depreciação.

Vamos acompanhar os lançamentos.

Pela aquisição das máquinas:

1º lançamento

- 01/02/XX: compra de máquinas a prazo.
- D: máquinas (Ativo imobilizado) R$ 20.000,00.
- C: financiamentos a pagar a longo prazo R$ 20.000,00.

2º lançamento

- 01/07/XX: compra de máquinas a prazo.
- D: máquinas (Ativo imobilizado) R$ 30.000,00.
- C: financiamentos a pagar a longo prazo R$ 30.000,00.

Cálculo da depreciação de cada máquina:

Pela 1ª compra: R$ 20.000,00 (valor da máquina) × 11/12 meses (fevereiro a dezembro/XX) × 10% ao ano (alíquota (taxa) de depreciação anual) =

R$ 20.000,00 × 11/12 × 10% = R$ 1.833,00

Pela 2ª compra: R$ 30.000,00 × 6/12 meses × 10% ao ano = R$ 1.500,00

Depreciação total do ano = depreciação das duas máquinas = R$ 1.833,00 + R$ 1.500,00 = R$ 3.333,00

3º lançamento

- 31/12/XX: depreciação anual das máquinas adquiridas neste ano.
- D: despesas (operacionais) com depreciação 3,333 (DRE).
- C: depreciação acumulada de máquinas 3,333 (conta credora (redutora) de Ativo).

Máquinas	
(1)20.000	
(2)30.000	

Financiamento a longo prazo	
	20.000(1)
	30.000(2)

Despesas com depreciação	
(3)3.333	3.333(a)

Depreciação acumulada de máquinas	
	3.333

ARE	
(a)3.333	

Dando sequência ao nosso assunto, vamos agora imaginar que essas máquinas que acabamos de contabilizar foram vendidas à vista nas seguintes condições: a primeira máquina foi vendida a R$ 20.000,00, e a segunda máquina foi vendida a R$ 22.000,00. Como fica a contabilização dessas vendas?

Veja na sequência:

Máquinas	
20.000	20.000(1)
30.000	30.000(2)
0	

Caixa	
(1)20.000	
(2)22.000	
42.000	

Depreciação acumulada	
(1)1.833	1.833
2)1.500	1.500
	0

Outras receitas e despesas	
(2)6.500	1.833(1)
4.667	4.667(a)

ARE	
(a)4.667	

Para fechar esta etapa, vamos supor agora outra situação: vamos imaginar que a empresa tem uma máquina comprada a R$ 5.000,00 com uma depreciação acumulada de R$ 3.500,00, mas a máquina apresentou um problema mecânico e o conserto custará um preço tão elevado que não valerá a pena para fazer o reparo necessário e também não há interessados em comprá-la. Dessa forma, o gestor decide baixar este bem dos Ativos, considerando esta perda em sua contabilidade.

Como fica a contabilização deste evento? Veja a seguir:

Máquinas	
5.000	5.000(1)
0	

Outras despesas	
(1)1.500	1.500(a)

Depreciação acumulada	
(1)3.500	3.500
0	

ARE	
(a)1.500	

A empresa também pode comprar bens usados por outras empresas. Para tanto, valem as seguintes regras:

EVENTO	SITUAÇÃO DO BEM NA OCASIÃO DA COMPRA		
Compra de bem usado. Contabiliza pelo valor desta aquisição	Tem a nota fiscal da compra original	Não tem a nota fiscal da compra original	Bem já totalmente depreciado
Depreciação	Deprecia pelo tempo de vida útil residual do bem	Deprecia por no máximo metade do tempo de vida útil do bem	Não deprecia. Atualiza o valor pelo valor de recuperabilidade do bem

EVENTO	SITUAÇÃO DO BEM NA OCASIÃO DA COMPRA		
Exemplo	Comprou um bem que ainda tem 8 anos de vida útil estimada. Deprecia-se o bem em 8 anos	Comprou um bem que ainda teria 8 anos de vida útil de um total de 10 anos originalmente estimados. Deprecia-se o bem em 5 anos	Faz os testes de valor atual do bem e ajusta.

Como afirmado anteriormente, as taxas de depreciação devem ser calculadas de acordo com as necessidades da empresa pelas condições de uso que os bens sofrerão. No entanto, muitas empresas utilizam como referência de cálculo as alíquotas aceitas como dedutíveis do imposto de renda (que, de fato, são muito razoáveis e próximas da realidade para a maioria dos negócios).

No entanto, a depreciação deve ser calculada de acordo com as reais necessidades da empresa. Caso a depreciação contabilizada efetiva seja superior a essas taxas aceitas pela legislação do imposto de renda, deverão ser contabilizadas pelo valor real, contribuindo com isso para o cálculo real do lucro. A empresa, de qualquer forma, aproveitará o benefício fiscal do cálculo da depreciação até o teto aceito como dedutível pela Receita Federal.

a) Adições ao imobilizado

Caso a empresa faça adições e/ou melhorias significativas aos bens imobilizados, como uma adição ou melhoria a uma construção já existente e que já vem sendo depreciada; contabilizará este valor adicional do bem ao preço de custo.

Também serão adicionados ao custo de compra do imobilizado todos os gastos de instalação e habilitação para que ocorra seu funcionamento.

E, logicamente, como os demais bens, esta área passará por uma verificação de valor para que sejam efetuados os ajustes por *impairment* que forem necessários, além do reconhecimento da depreciação do período.

Todas as taxas sugeridas para cálculo da depreciação. Estão disponíveis em: <https://goo.gl/pb4hK1>. Acesso em: 13 jul. 2018.

b) Imobilizados em andamento

São os bens produtivos em construção ou em fase de instalação. A seus valores serão acrescentados todos os gastos realizados durante sua construção ou até a finalização de sua instalação. Com base em seu uso, poderemos então calcular a depreciação, levando em conta o seu valor original, acrescido dos demais gastos realizados e contabilizados para sua implantação.

8.2.1.2 Amortização

A amortização é a redução calculada sobre os direitos produtivos pelo reconhecimento da contribuição econômica que os intangíveis podem trazer à empresa.

Como vimos anteriormente, os intangíveis são os direitos produtivos e ficam classificados como parte do Ativo não circulante da companhia. Foram contabilizados a seu valor original de aquisição ou de elaboração. A amortização é para os intangíveis o mesmo que a depreciação é para os bens produtivos.

No entanto, dependendo do tamanho da empresa e do tipo de intangível, o reconhecimento da amortização pode ser realizado de forma diferente.

Caso a empresa esteja na condição de empresas que devem obrigatoriamente apresentar suas demonstrações financeiras anualmente, os intangíveis, caso tenham uma vida finita determinada, serão amortizados. Mas, caso não seja possível determinar sua finitude, serão então submetidos aos testes de *impairment* (para isso, veja nosso próximo assunto).

Para as pequenas e médias empresas (PMEs), todos os intangíveis serão considerados direitos finitos e deverão ser amortizados em no máximo dez anos.

Quando ocorrer o reconhecimento da amortização, sua contabilização será feita da mesma maneira que fizemos na depreciação, assunto que tratamos imediatamente antes deste.

- D: despesa com amortização XXX
- C: amortização acumulada XXX

AJUSTES A MERCADO E A JUSTO VALOR

Quando fazemos qualquer aquisição na empresa, o registro inicial acontece com base no custo de aquisição, conforme determina o princípio do custo original como base de valor. No entanto, a atual legislação que regulamenta a Contabilidade estabelece que os valores devem ser levados ao justo valor ou valor de recuperabilidade, que é o valor pelo qual poderiam ser negociados.

A seguir, deixamos as definições e ajustes mais comumente encontrados e como podem ser reconhecidos.

8.3.1 *Impairment*

O *impairment* ou teste de *impairment* é realizado para a avaliação dos bens e direitos do imobilizado e intangível da empresa, respectivamente. Sua finalidade é identificar o valor de recuperabilidade que podem ter seu valor original modificado em função de eventuais desgastes ou perdas de valor.

É importante esclarecer que não se trata de reavaliação de bens, pois a Contabilidade Brasileira não aceita tal prática. A identificação do valor de recuperabilidade dos bens e direitos da empresa é realizada pela necessidade de se apresentar os saldos das demonstrações financeiras o mais próximo possível da realidade, bem como em atender aos requisitos das normas internacionais da Contabilidade.

Sua contabilização é feita da seguinte maneira:

- D: perda de valor nos Ativos imobilizados e/ou intangíveis (DRE).
- C: provisão para perdas de Ativos (conta redutora dos Ativos que sofreram essa redução).

Ajuste a Justo Valor é o valor pelo qual um Ativo pode ser negociado ou um passivo liquidado com os clientes, fornecedores e demais partes interessadas da empresa, sem vínculo com esta e sem que sejam forçados a tal situação.

8.3.1.1 Títulos de renda fixa

Os títulos de renda fixa representam para a empresa um tipo de aplicação financeira. Podem ser contabilizados como Ativos Circulantes e Não Circulantes, dependendo de sua intenção de manutenção e realização para negócio ou prazo de vencimento. É possível classificar esses títulos de três maneiras:

a) **Para negociação:** podem ser negociados em qualquer tempo próximo, assim que ajustadas ao valor de mercado.

b) **Mantidos até o vencimento:** são títulos dos quais a empresa não pretende se desfazer.

c) **Títulos disponíveis para venda:** são os títulos que estão à disposição para venda e que poderão ser negociados em qualquer tempo.

Esses títulos, de acordo com sua classificação, recebem um tipo de reconhecimento de valor e de ganhos por juros referentes à sua remuneração. Veja a seguir os quadros com as definições e simulações de ganhos e perdas:

CLASSIFICAÇÃO	AVALIAÇÃO
Para negociação	Justo valor
Mantido até o vencimento	Custo amortizado
Disponível para venda	Justo valor

CLASSIFICAÇÃO	CONTABILIZAÇÃO DA REMUNERAÇÃO DE JUROS	AJUSTE A VALOR JUSTO
Para negociação	Resultado	Resultado
Mantido até o vencimento	Resultado	Não é registrado
Disponível para venda	Resultado	Ajuste de avaliação patrimonial (PL)

Simulação de contabilização do ajuste do ganho em Ativo de Renda Fixa:

Ajustados com ganho

CONTAS	PARA NEGOCIAÇÃO		MANTIDAS PARA O VENCIMENTO		DISPONÍVEL PARA VENDA	
Na aquisição						
Aplicações financeiras em renda fixa	1.000	↑ Ativo	1.000	↑ Ativo	1.000	↑ Ativo
Bancos (conta corrente)	1.000	↓ Ativo	1.000	↓ Ativo	1.000	↓ Ativo
No registro dos rendimentos						
Aplicações financeiras em renda fixa	30	↑ Ativo	30	↑ Ativo	30	↑ Ativo
Receita Financeira (DRE)	30	↑ Lucro	30	↑ Lucro	30	↑ Lucro
Ajuste à realidade (R$ 1.040,00)						
Aplicações financeiras em renda fixa	10	↑ Ativo	-	-	10	↑ Ativo
Ganho com ajuste a valor justo (DRE)	10	↑ Lucro	-	-	-	-
Ajuste de avaliação patrimonial (PL)	-	-	-	-	10	↑ PL

Fonte: Adaptado de ALMEIDA, M. C. **Curso de Contabilidade Introdutória em IFRS e CPC**. São Paulo: Atlas, 2014.

Ajustados com perda

CONTAS	PARA NEGOCIAÇÃO		MANTIDAS PARA O VENCIMENTO		DISPONÍVEL PARA VENDA	
Na aquisição						
Aplicações financeiras em renda fixa	1.000	↑ Ativo	1.000	↑ Ativo	1.000	↑ Ativo
Bancos (conta corrente)	1.000	↓ Ativo	1.000	↓ Ativo	1.000	↓ Ativo
No registro dos rendimentos						
Aplicações financeiras em renda fixa	30	↑ Ativo	30	↑ Ativo	30	↑ Ativo
Receita Financeira (DRE)	30	↑ Lucro	30	↑ Lucro	30	↑ Lucro

Ajuste à realidade (R$ 1.025,00)						
Aplicações financeiras em renda fixa	(5)	↓ Ativo	-	-	(5)	↓ Ativo
Perda com ajuste a valor justo (DRE)	(5)	↓ Lucro	-	-	-	-
Ajuste de avaliação patrimonial (PL)	-	-	-	-	(5)	↓ PL

Fonte: Adaptado de ALMEIDA, M. C. **Curso de Contabilidade Introdutória em IFRS e CPC**. São Paulo: Atlas, 2014.

8.3.1.2 Títulos de renda variável

Os títulos de renda variável são os que não têm um prazo definido para seu resgate. Por isso, você não verá como nos de renda fixa, mantidos até o final do contrato. Assim como fizemos com os de renda variável, veja a seguir como é feita a contabilização e o reconhecimento de ganhos e perdas que podem ocorrer para esses títulos. Acompanhe os quadros seguintes:

CLASSIFICAÇÃO	AVALIAÇÃO
Negociação	Justo valor
Disponível para venda	Justo valor

CLASSIFICAÇÃO	REMUNERAÇÃO DE JUROS	AJUSTE A VALOR JUSTO
Negociação	Resultado	Resultado
Disponível para venda	Resultado	Ajuste de Avaliação Patrimonial (PL)

Ajustado com ganho

CONTAS	PARA NEGOCIAÇÃO		DISPONÍVEL PARA VENDA	
Na aquisição				
Aplicações financeiras em renda variável	↑ 3.000	Ativo	↑ 3.000	Ativo
Bancos (conta corrente)	↓ 3.000	Ativo	↓ 3.000	Ativo

No registro dos rendimentos				
Bancos (conta corrente)	↑60	Ativo	↑60	Ativo
Receita Financeira (DRE)	↑60	Lucro	↑60	Lucro
Ajuste à realidade (R$ 3.050,00)				
Aplicações financeiras em renda variável	↑50	Ativo	50	Ativo
Ganho com ajuste a valor justo (DRE)	↑50	Lucro	-	-
Ajuste de avaliação patrimonial (PL)	-	-	50	PL

Fonte: Adaptado de ALMEIDA, M. C. **Curso de Contabilidade Introdutória em IFRS e CPC**. São Paulo: Atlas, 2014.

Ajustado com perda

CONTAS	PARA NEGOCIAÇÃO		DISPONÍVEL PARA VENDA	
Na aquisição				
Aplicações financeiras em renda variável	3.000	↑Ativo	1.000	↑Ativo
Bancos (conta corrente)	3.000	↓Ativo	1.000	↓Ativo
No registro dos rendimentos				
Bancos (conta corrente)	60	↑Ativo	30	↑Ativo
Receita Financeira (DRE)	60	↑Lucro	30	↑Lucro
Ajuste à realidade (R$ 3.050,00)				
Aplicações financeiras em renda variável	(20)	↓Ativo	(20)	↓Ativo
Perda com ajuste a valor justo (DRE)	(20)	↓Lucro	-	-
Ajuste de avaliação patrimonial (PL)	-	-	(20)	↓PL

Fonte: Adaptado de ALMEIDA, M. C. **Curso de Contabilidade Introdutória em IFRS e CPC**. São Paulo: Atlas, 2014.

8.3.3 Valor realizável líquido

Este valor é aplicável aos estoques da companhia. Mesmo que tenham sido registrados ao custo de aquisição na ocasião de sua compra, na data do balanço, assim como todos os outros valores que irão para as demonstrações financeiras, deverão ser ajustados para, como sempre dizemos, estarem o mais próximo possível da realidade. Veja a seguir o quadro que preparamos para aplicar a fórmula de ajuste:

> Preço de venda estimado - Custos estimados de conclusão - Custo de venda

Perdas são reconhecidas como despesa em contrapartida à provisão para perdas (conta redutora do Ativo).

PRODUTO	CUSTO DE AQUISIÇÃO	VALOR	PROVISÃO
A	1.000	1.100	-
B	2.000	1.800	(200)
C	3.000	3.400	-
D	4.000	3.920	(80)
Total			**(280)**

CONTA	CONTABILIZAÇÃO	
Perda com estoque (DRE)	280	↓Lucro
Provisão para perdas com estoques	280	↓Ativo

A provisão para perdas que está mencionada no quadro anterior representa uma conta redutora de Ativo, cuja contrapartida é o reconhecimento da perda com o valor do estoque. Repare que a quantidade de estoque continua a mesma, a perda foi consequente de uma redução em seu valor de recuperabilidade.

AS PROVISÕES DE PASSIVO

O que não é provisão de Passivo? Quando a contabilidade da empresa é feita, existe a necessidade de se reconhecer as despesas que já aconteceram e que serão pagas numa data futura, como salários e obrigações trabalhistas a pagar, impostos, juros e contas de consumo em geral. Usualmente, essas contas acabam sendo indevidamente chamadas de provisão. Por isso, não estranhe se numa empresa você ouvir a seguinte frase: Já foram feitas as provisões para as obrigações trabalhistas, como férias, 13º salário etc.?

Mas saiba que isso não é verdadeiramente uma provisão. Trata-se do reconhecimento de despesas já incorridas que serão pagas num momento futuro. Normalmente, serão encontradas no Passivo Circulante da companhia.

Agora, vamos às verdadeiras provisões de Passivo.

As provisões se diferenciam dos demais Passivos, pois dependem de sua probabilidade de ocorrência para que sejam contabilizadas. Elas se referem ao quanto será dispendido para fazer seu pagamento e liquidar a pendência que representam. Porém, é praticamente certo que esse desembolso ocorrerá e por essa alta probabilidade é que já serão considerados valores Passivos.

Alguns fatos que podem gerar provisões:

- provisão para garantias ou quebras de contratos;
- ricos trabalhistas e cíveis;
- reestruturação de negócios, inclusive com a possibilidade de ocorrer a descontinuidade de algum ou dos negócios;
- danos ambientais etc.

Vamos a um exemplo numérico.

A empresa possui três processos trabalhistas cujo valor total corresponde a R$ 1.000.000,00.

Os processos estão divididos quanto a sua probabilidade de ocorrência da seguinte forma:

PROCESSO	VALOR QUE SERÁ DESEMBOLSADO CASO A EMPRESA SEJA CULPADA NO PROCESSO	PROBABILIDADE DE QUE ISSO VENHA REALMENTE A OCORRER	VALOR A CONTABILIZAR
João	R$ 350.000,00	60%	R$ 210.000,00
José	R$ 550.000,00	80%	R$ 440.000,00
Maria	R$ 100.000,00	75%	R$ 75.000,00
Total	**R$ 1.000.000,00**		**R$ 725.000,00**

Contabilizaremos essa provisão trabalhista numa provisão como apresentada a seguir:

- D: despesa com provisões trabalhistas (despesa operacional) R$ 725.000,00.
- C: provisões trabalhistas R$ 725.000,00.

Provisões trabalhistas		Despesa com provisões trabalhistas		ARE	
	725.000(1)	(1)725.000	725.000(a)	(a)725.000	

Dependendo do período em que o tema de cada provisão de Passivo for julgado ou que esteja previsto para sua liquidação (pagamento), ele será classificado no Passivo Circulante ou no Passivo Exigível a Longo Prazo.

Como complemento deste tema, não podemos deixar de mencionar que há itens tanto de Ativo quanto de Passivo que têm menor chance de concretização, fazendo que então sua avaliação passe a ser de valores possíveis e não prováveis. A esses valores, damos a nomenclatura de Ativos e Passivos Contingentes.

Para que seja feita sua menção nas notas explicativas, podemos seguir esta tabela para nortear a decisão de divulgação:

PROBABILIDADE DE CONCRETIZAÇÃO DO FATO EM RELAÇÃO AO VALOR		TRATAMENTO CONTÁBIL	CONTRAPARTIDA
Pelo pagamento (desembolso do valor)			
Provável	Mensuração a partir de base confiável	Reconhece a provisão e menciona nas notas explicativas	Despesa e divulga
	Não mensurável por inexistência de base confiável	Divulga apenas nas notas explicativas	-
Possível (é menos provável que ocorra)		Divulga nas notas explicativas	-
Remota		Não divulga	-
Pelo recebimento de valores			
Praticamente certa		Não é Ativo Contingente. É um Ativo que deve ser contabilizado	Outras receitas
Provável, mas não praticamente certa		Não contabiliza, mas divulga nas notas explicativas	-
Não é provável		Não reconhece nem divulga nas notas explicativas	-

Fonte: adaptado do MARTINS, E. *et al.* **Manual de contabilidade societária**. 2. ed. São Paulo: Atlas, 2013.

Como em todos os outros casos dos Ativos e dos Passivos, estes valores deverão ser periodicamente revisados e ajustados à realidade pelo seu valor de recuperabilidade ou de realização. Cabe ainda a lembrança de que o conceito do conservadorismo sempre permeará todos os ajustes realizados pela companhia.

8.5 RECONHECIMENTO DE VARIAÇÃO CAMBIAL

A variação cambial é o ajuste que ocorre entre a paridade (equivalência de valor) da moeda nacional e da moeda estrangeira, em que cada negócio foi realizado pela empresa em contabilização.

Esse ajuste é decorrente da variação do valor da moeda, como acabamos de afirmar. Por esse motivo, quer tenham ocorrido ganhos, quer tenham ocorrido perdas, o efeito para fins de reconhecimento do impacto que isso terá sobre o lucro é financeiro.

Portanto, quando ocorrer um ganho com variação cambial, será contabilizado como receita com variação cambial, que é uma receita subordinada às receitas financeiras. E, com relação às perdas, serão contabilizadas como despesas com variação cambial, subordinadas às despesas financeiras.

No final do período, assim como é feito em relação às despesas e receitas financeiras, poderemos apurar o resultado com variação cambial, confrontando ganhos e gastos, decorrentes do reconhecimento da variação da paridade monetária.

Vamos ver alguns exemplos a seguir.

#NA PRÁTICA

Um empréstimo de US$ 1.000,00 tomado quando US$ 1,00 = R$ 2,50.

Na data da obtenção do empréstimo:

- D: caixa R$ 2.500,00.
- C: empréstimos em moeda estrangeira a pagar R$ 2.500,00.

Vamos lembrar que tudo que está na Contabilidade está "traduzido" à moeda nacional corrente, atendendo ao princípio do denominador comum monetário.

Agora, vamos imaginar que, na data do balanço a cotação do dólar esteja em US$ 1,00 = R$ 3,00. Como ficaria sua contabilização?

- D: despesa com variação cambial (financeira) R$ 500,00 (pela perda causada pela desvalorização da moeda nacional em relação à moeda estrangeira).
- C: empréstimos em moeda estrangeira a pagar R$ 500,00 (pelo ajuste da dívida ao seu real valor atual para pagamento).

Com relação à situação oposta, vamos imaginar que nossa moeda tivesse se valorizado em relação à moeda estrangeira. Como ficaria esse lançamento, caso US$ 1,00 = R$ 1,80?

- D: empréstimos em moeda estrangeira a pagar R$ 700,00 (pelo ajuste da dívida ao seu real valor atual para pagamento).
- C: receita com variação cambial (financeira) R$ 700,00 (pelo ganho obtido pela valorização da moeda nacional em relação à moeda estrangeira).

Também vale o mesmo raciocínio para os valores a receber. Veja no quadro a seguir o impacto que a variação cambial gera nos ganhos e perdas cambiais:

ITEM/CONTA	OCORRÊNCIA	MOEDA ESTRANGEIRA	MOEDA NACIONAL	LANÇAMENTO CONTÁBIL	VALOR		IMPACTO NA CONTA DO BALANÇO	IMPACTO NO RESULTADO
					D	C		
Empréstimo a pagar	1. Obtenção da dívida	1,00	2,50	D- caixa	2.500		↑	
				C- empréstimos a pagar em moeda estrangeira		2.500	↑	
	2. Desvalorização da moeda nacional em relação à moeda estrangeira	1,00	3,50	D- despesa com variação cambial	1.000			↓
				C- empréstimos a pagar. em moeda estrangeira		1.000	↑	
	3. Valorização da moeda nacional em relação à moeda estrangeira	1,00	2,00	D- empréstimos a pagar em moeda estrangeira	1.500		↓	
				C- receita com variação cambial		1.500		↑
Contas a Receber	1. Obtenção da receita (vendas, por exemplo)	1,00	2,50	D- Contas a receber	2.500		↑	
				C- Receita de vendas		2.500		↑
	2. Desvalorização da moeda nacional em relação à moeda estrangeira	1,00	3,50	D- Contas a receber	1.000		↑	
				C- Receita com variação cambial		1.000		↑
	3. Valorização da moeda nacional em relação à moeda estrangeira	1,00	2,00	D- Despesa com variação cambial	500			↓
				C- Contas a receber		500	↓	

Obs.: Nos exemplos apresentados, tanto para os empréstimos a pagar quanto para as contas a receber, ambos em moeda estrangeira, consideramos como base para os ajustes, os saldos que a empresa teria contabilizado no lançamento imediatamente anterior ao ajuste demonstrado. Ou seja, os lançamentos "2" estão contabilizados com relação ao lançamento "1", e os lançamentos "3" estão contabilizados com relação aos lançamentos "2".

#ESTUDE MAIS

IMPRESSO

- IUDÍCIBUS, Sérgio de; MARTINS, Eliseu. Uma investigação e uma proposição sobre o conceito e o uso do valor justo. **Revista Contabilidade & Finanças – USP**, v. 18, 2007.
- ROWER, Gerson Roberto *et al.* Aplicação do Pronunciamento Técnico PME nas Pequenas e Médias Empresas. **VIII Egepe – VIII Encontro de Estudos em Empreendedorismo e Gestão de Pequenas Empresas**, v. 13, n. 8, 2014.

#RECORDAR

Neste capítulo, tratamos de diversos ajustes tanto de Ativo quanto de passivo, que são realizados nas operações que a empresa desenvolve ao longo do ano. Há impactos que o valor de mercado gera no preço original de compra de bens e direitos já contabilizados na companhia, que devem ser reconhecidos respeitando a natureza da intenção de destino, quando da aquisição de cada um desses bens ou direitos.

Os principais temas abordados refletem a intenção de apresentarmos os saldos das demonstrações financeiras, sempre o mais próximo possível de sua capacidade de realização.

A atual legislação que regulamenta a Contabilidade Brasileira contribui para a convergência para as regras internacionais, permitindo, como consequência, maior comparabilidade e fidedignidade dos saldos das demonstrações financeiras divulgadas, melhorando a qualidade de suas informações.

É importante compreender quais são os fundamentos dos ajustes dos valores que a empresa divulga em suas demonstrações financeiras, bem como o porquê da necessidade de a empresa levar seus valores ao justo valor e à sua recuperabilidade.

Até agora você já acumulou bastante conhecimento. Parabéns! Siga em frente!

PRINCÍPIOS E CONVENÇÕES CONTÁBEIS GERALMENTE ACEITOS

Neste capítulo, você...

... aprenderá as regras que permitem a adequada contabilização das operações de todas as empresas, formando uma padronização de registro dos eventos que têm efeito contábil e, por consequência, permitindo a comparação dos resultados obtidos pelos diferentes negócios que compõem a Economia.

No final do capítulo, você...

... compreenderá as regras contábeis e a normatização de seu uso, para contabilizar e analisar adequadamente os valores apresentados nos registros da empresa.

9.1 FUNDAMENTOS

Como temos dito ao longo deste livro, uma das funções da Contabilidade é a da comparabilidade, pois é importante poder comparar os resultados obtidos com os dados de períodos passados da empresa que estamos analisando, como também com outras companhias que podem ser ou não do mesmo ramo de atividade.

Além disso, a empresa precisa ter um norte a respeito de como identificar e registrar todos os eventos contábeis de um período.

Em função desses argumentos, há algumas regras fundamentais que vão além da legislação contábil em vigor. São regras consideradas postulados (são premissas, predeterminações aceitas como verdades sem que se precise demonstrar o seu porquê) que regem a contabilização e direcionam a elaboração dos números, permitindo a clareza na divulgação dos valores que serão apresentados pela empresa num determinado período.

São conhecidos por Princípios e Convenções Contábeis Geralmente Aceitos (PCGAs).

Mas qual é a sua efetiva aplicabilidade?

Por exemplo, quando uma empresa divulga seu Balanço Patrimonial com o "pacote" de demonstrações financeiras, é divulgado o parecer dos auditores independentes à empresa. Essa opinião que eles emitem está fundamentada nos exames e conferências que os auditores realizaram nos documentos e na contabilidade da companhia que está divulgando suas demonstrações financeiras.

Por isso, em sua conclusão, o parecer da auditoria evidencia se empresa apresentou corretamente seus valores de acordo com os PCGAs. Caso essa opinião tenha alguma ressalva ou até mesmo uma negativa, é possível que tenha ocorrido uma transgressão dessas regras na contabilização dos eventos.

9.2 PRINCÍPIOS CONTÁBEIS

As leis gerais da Contabilidade têm como base primeira dois postulados, que são o da entidade e o da continuidade:

a) **Entidade:** é a separação das contabilidades, tanto entre as empresas de um grupo econômico como entre a contabilidade dos sócios ou acionistas e a contabilidade da companhia. Por isso, os bens, os direitos e as obrigações da empresa pertencem exclusivamente à companhia, enquanto os bens, os direitos e as obrigações dos proprietários não estão relacionados à empresa.

b) **Continuidade:** supõe-se a empresa tenha sido criada para durar indefinidamente. A data de encerramento das atividades da empresa só será aplicada a empresas com propósito determinado.

Se a empresa se encontrar diante da possibilidade de descontinuidade, deverá publicar uma menção a esse fato nas notas explicativas que serão divulgadas e publicadas com demonstrações financeiras do período.

Os demais princípios são descritos a seguir:

a) **Unidade monetária (denominador comum monetário):** os bens e valores das demonstrações financeiras deverão ser traduzidos e apresentados na moeda corrente do país de sua publicação. Como já mencionamos anteriormente, a Contabilidade apresenta valores, e não quantidade de bens e direitos ou de obrigações.

b) **Custo original (histórico) como base de valor:** todos os itens serão registrados na contabilidade pelo custo original de compra. Este princípio cria a necessidade de realizarmos ajustes na data do balanço, para que possamos ter os valores levados à sua real capacidade de realização na data da publicação das demonstrações financeiras do período. Como uma ilustração, podemos citar o cálculo da depreciação dos bens produtivos da empresa que estão contabilizados no seu imobilizado.

c) **Realização de receitas:** os ganhos e os gastos, por extensão deste conceito, serão reconhecidos com base em seu fato gerador. Ou seja, sempre que um gasto for efetivado ou que um ganho acontecer, esse será o motivo gerador do reconhecimento contábil.

O reconhecimento dos gastos e ganhos não tem nada a ver com o recebimento ou pagamento dos eventos contabilizados e reconhecidos como custos, despesas e receitas.

Podemos exemplificar este conceito com a venda de mercadorias, sobre a qual já falamos e praticamos nos capítulos anteriores. O fato gerador de uma venda é a entrega do bem ou do serviço ao cliente da companhia. Como vimos, mesmo que a empresa ainda não tenha recebido o valor correspondente à venda já concretizada, o ganho da venda será registrado no momento da transferência do produto ao seu comprador.

Com relação ao reconhecimento de um gasto, também já vimos vários exemplos nos capítulos que antecedem este atual. Vamos lembrar um deles: ao calcular uma conta a pagar relativa a um consumo já efetuado, por exemplo, uma conta de luz a pagar, podemos dizer que o consumo já ocorreu e o pagamento será realizado numa data futura. Ou seja, o que definiu o registro na contabilidade foi o consumo da luz, e não o seu pagamento.

d) **Competência de exercícios:** os valores devem ser contabilizados no período em que aconteceram. Não podemos antecipar ou postergar (deixar para depois) o reconhecimento dos fatos relacionados às receitas ou às despesas geradas no período. Por isso, fazemos os reconhecimentos de dívidas a pagar no futuro que representem gastos que já aconteceram, como contas de consumo a pagar, salários, impostos, juros, aluguéis e outros mais.

e) **Confrontação dos ganhos e dos gastos:** A confrontação é feita pela comparação dos ganhos e gastos de um período. Apenas dessa forma será possível reconhecer os lucros e perdas de um período da contabilidade (ano ou exercício contábil). De fato, este é um princípio derivado dos dois conceitos anteriores que mencionamos, que são o reconhecimento dos ganhos e gastos determinados pela realização das receitas e despesas apontados na data de sua ocorrência, pelo conceito da competência de exercícios.

CONVENÇÕES CONTÁBEIS

As convenções contábeis são as normas que direcionam a aplicação dos princípios, ao reconhecimento e registro dos fatos que a contabilidade demonstra. São quatro:

a) **Objetividade:** refere-se à documentação que dá base ao reconhecimento de um registro contábil. Sempre que houver um lançamento contábil, este deverá ser feito de acordo com os documentos e evidências que dão base à sua veracidade.

b) **Consistência:** quando for necessário utilizar cálculos e métodos específicos de avaliação de áreas ou contas, estes deverão ser sempre os mesmos, ou seja, as bases de cálculo não poderão ser alteradas a cada período. Isso será seguido para que haja possibilidade de comparação entre as demonstrações financeiras de diferentes exercícios. Se a empresa precisar modificar um método de cálculo ou de alguma avaliação, deverá mencionar o fato nas notas explicativas, mostrando o porquê da mudança e qual será impacto (positivo ou negativo) no resultado da empresa, caso haja.

#NA PRÁTICA

Podemos ver essa aplicabilidade nos cálculos de depreciação; pois se você alterar a taxa de depreciação aplicada sobre um bem do imobilizado, de um ano para o outro, sem que haja uma justificativa sólida para isso, será gerado um impacto desnecessário na avaliação do lucro ou prejuízo do período, que, por sua vez, poderá distorcer nossa avaliação sobre o desempenho dos negócios da companhia no ano analisado. Também podemos aplicar o mesmo conceito na avaliação dos estoques e em outras áreas que demandem este tipo de conduta.

c) **Conservadorismo:** as contas do balanço sempre serão avaliadas de forma conservadora ("pessimista") para que possam apresentar os valores sempre o mais próximo possível do seu efetivo valor de realização (recebimento ou pagamento). E é por isso que fazemos os ajustes nas contas que deverão ser levadas à realidade. Por exemplo, no caso dos estoques. No final de cada período, é importante avaliar se os estoques que temos apontados no Ativo serão vendidos pelo menos pelo seu valor de custo. Caso não sejam, precisarão receber uma redução de valor pela via do ajuste a valor de mercado, contribuindo dessa forma para mostrar os saldos da contabilidade o mais próximo possível da realidade.

Agindo de forma conservadora na avaliação dos Ativos, será possível garantir a verdade da equação do Balanço Patrimonial, em que:

Ativo: Passivo + Patrimônio Líquido...

Vale dizer que se os Ativos representarem exatamente seu valor de realização, representarão a exata equivalência às suas origens, que são os Passivos e o Patrimônio Líquido.

d) **Materialidade ou relevância:** devemos estabelecer uma graduação de importância para as contas, com a finalidade de criar e seguir maiores controles para contas de maior importância e impacto nas demonstrações financeiras e no resultado das operações. Essa atitude garante que as principais contas da companhia estejam o mais próximo possível de sua realidade e que a empresa dedicará maior esforço para sua adequada avaliação.

A seguir, apresentamos um resumo dos princípios e convenções contábeis geralmente aceitos:

O QUE É?	PALAVRA-CHAVE	RESUMO
Postulados	**Conceitos incontestáveis**	
Entidade	**Separação** das contabilidades	Separa as contabilidades das empresas e de seus proprietários
Continuidade	**Tempo indeterminado** de vida	Não há prazo predeterminado para encerramento das atividades da empresa

O QUE É?	PALAVRA-CHAVE	RESUMO
Princípios contábeis	**Leis gerais**	
Unidade monetária ou Denominador Comum Monetário	**Mesma moeda**	A contabilidade é apresentada na moeda corrente do país em que divulga suas demonstrações
Custo original como base de valor	**Valor de aquisição**	Todos os valores são contabilizados ao valor de aquisição
Realização de receitas e despesas	**Fato gerador**	Um ganho ou perda só serão reconhecidos mediante a concretização do seu fato gerador
Competência de exercícios	**Período contábil**	Contabilizar todos e apenas todos os fatos contábeis pertinentes ao período em contabilização
Confrontação	**Apuração de resultados**	Comparação entre ganhos e gastos do período
Convenções contábeis	**Normas de aplicação da lei**	
Objetividade	**Documentação**	Todos os lançamentos devem ter base comprobatória para sua contabilização
Consistência	**Mesmo critério de avaliação**	Usar sempre os mesmos cálculos e critérios de avaliação das contas e fatos contábeis
Conservadorismo	**Pessimismo**	Considerar sempre o menor ganho ou a maior perda possível para cada evento contábil
Materialidade ou relevância	**Grandeza de valor**	Determinar a importância da conta para exercer maiores controles sobre valores de maior impacto contábil

Aplicações

- As aplicações desses princípios e convenções sobre os quais discorremos anteriormente são realizadas em todas as operações que a contabilidade registra, pois todos os valores são originalmente contabilizados pelo preço de compra (aí a empresa está apoiada no conceito do custo original como base de valor).
- A Contabilidade apenas registra os fatos contábeis que pertencem à empresa que está em foco (este é o conceito da entidade).
- Podemos assumir que, via de regra, a vida da entidade (empresa) seja indefinida, salvo algumas exceções em que a companhia terá uma finalidade específica e por tempo determinado (conceito da continuidade).
- Todos os ganhos e gastos são contabilizados conforme seu fato gerador realmente ocorrer e no tempo em que acontecer (conceito da realização e da competência de exercícios).
- Os registros que a empresa reconhece em sua contabilidade têm base em documentos e evidências de que realmente aconteceram e que foram destinados ao seu funcionamento (conceito da objetividade).
- Cada vez que fazemos um cálculo para contabilizar algum valor, este deve seguir as mesmas regras que foram utilizadas em cálculos anteriores da mesma operação (consistência).
- Sempre será apontado o valor mais pessimista e próximo da realidade, justificando, por exemplo, os ajustes de alguns valores contabilizados (conservadorismo).
- Serão criados maiores controles e detalhamento para os gastos de maior impacto nos resultados e nos valores apresentados nas demonstrações financeiras (relevância).
- Todos os valores da companhia serão traduzidos à moeda corrente do país em que estão sendo apresentados (denominador comum monetário).

Veja que, de fato, é preciso atender a todos esses conceitos para registrar os valores da empresa, não sendo possível aplicá-los separadamente.

#ESTUDE MAIS

- DO PRADO, Eduardo Vieira *et al.* Teoria do lucro: estudo sobre as diferentes perspectivas de mensuração de lucro como apoio à tomada de decisão. **Universitas**, n. 22, 2018.

#RECORDAR

Nesta seção, vimos que a Contabilidade é regulamentada não apenas pela legislação, mas também por regras aplicadas de maneira geral, independentemente do tamanho, tipo ou faturamento de cada empreendimento.

Essas regras também ultrapassam as fronteiras dos países, pois se aplicam à metodologia de registro das operações com impacto financeiro de cada empresa.

Esse procedimento garante fortemente a comparabilidade da atuação das empresas, quer sejam do mesmo ramo de atividades, quer sejam de ramos diferentes.

Com base na capacidade de comparabilidade ou de padronização (como preferir), temos um forte amparo para tomadas de decisões mais assertivas e com uma base de qualidade mais robusta.

Veja a seguir a lista de princípios e convenções contábeis:

- **Princípios:** entidade, continuidade, denominador comum monetário, custo original como base de valor, realização de receitas, competência de exercícios, confrontação de receitas e despesas.
- **Convenções:** objetividade, consistência, materialidade ou relevância, conservadorismo.

DEMONSTRAÇÃO DO FLUXO DE CAIXA (DFC)

Neste capítulo, você...

... conhecerá as operações que são geradoras e consumidoras de caixa, bem como os métodos direto e indireto para se fazer esse cálculo.

No final do capítulo, você...

... entenderá quais são as operações que podem ou não impactar o caixa da empresa e direcionar o gestor nas decisões voltadas à alimentação financeira da empresa.

10.1 FUNDAMENTOS

A Demonstração do Fluxo de Caixa (DFC) é importante para os usuários da Contabilidade e tem por objetivo mostrar todas as variações de caixa que aconteceram num exercício contábil, exibindo os eventos que contribuíram para isso.

As atividades geradoras de caixa são operações que formam caixa, ou seja, em que o dinheiro entra para o caixa, aumentando as disponibilidades e sua capacidade de pagamento. As atividades consumidoras de caixa são todas as situações em que ocorrerem pagamentos ou desembolsos e que, por isso, mostram as saídas que reduziram o caixa no período que estamos analisando.

São operações que podem ou não estar ligadas ao processo produtivo, direta ou indiretamente, uma vez que a companhia desenvolve atividades tanto ligadas à produção quanto outras ligadas ao próprio desempenho da empresa e de seus investimentos, caso haja.

Atualmente, a DFC só é obrigatória para empresas com Patrimônio Líquido superior a R$ 2.000.000,00. Mas, mesmo que este não seja o caso atual de sua empresa, a DFC é uma excelente ferramenta de gestão do fluxo financeiro, pois permite identificar com clareza quais atividades contribuíram para a formação ou para o consumo do caixa nos últimos anos de funcionamento da empresa.

A DFC pode ser elaborada por dois diferentes caminhos, chamados de métodos direto e indireto. Mas é importante lembrar que o método indireto é o mais utilizado, principalmente porque as empresas que têm a obrigatoriedade de sua elaboração e divulgação partem de demonstrações mais robustas que possuem maiores controles contábeis, via de regra. Mas, qualquer que seja o método de cálculo adotado, direto ou indireto, nos levará ao mesmo resultado sobre a compreensão dos fatores que geraram as variações do caixa do período.

Novamente, vamos reforçar os conceitos:

Caixa χ Lucro | Regime de caixa χ Regime de competência

O lucro contábil é calculado pelo **regime de competência** (ganhos e gastos reconhecidos pela realização do seu fato gerador).

As variações do caixa correspondem ao **regime de caixa**, pois estão vinculadas às entradas e às saídas do caixa.

Lucro e caixa são coisas diferentes.

Caixa com dinheiro disponível não significa que a empresa esteja lucrativa.

Caixa com pouco dinheiro não mostra uma empresa que opera em prejuízo.

Às vezes, acabamos confundindo dinheiro com lucro, assim como a sua falta com prejuízo.

Há três atividades da empresa que formam entradas e saídas do caixa: atividades operacionais, atividades de investimento e atividades financiamento.

a) Atividades operacionais

São formadas pelos recebimentos e pelos pagamentos que tiveram origem nas atividades de produção e venda de bens e serviços produzidos pela empresa. Podemos também associar essa parte do cálculo com a formação dos Ativos e Passivos Circulantes operacionais. Incluem as seguintes contas:

- Contas a receber de clientes.
- Estoques.
- Fornecedores.
- Salários e obrigações trabalhistas em sua totalidade.
- Impostos a recuperar ou compensar e a recolher gerados pelas operações provenientes da movimentação do produto da empresa (da matéria-prima até o produto acabado).

Os pagamentos representam desembolsos do caixa (diminuem o caixa). Os recebimentos representam entradas de caixa (aumentam o caixa).

Assim como também as compras a prazo representam "não saídas" do caixa, vamos considerá-las operações que aumentam o caixa, e vendas a prazo representando "não entradas" de caixa como consumidoras de caixa.

Mais uma vez, vale lembrar que estamos falando em entradas e saídas de dinheiro.

b) Atividades de investimento

Representam as movimentações por compras ou vendas das contas e valores que estão classificadas no Ativo Não Circulante do Balanço Patrimonial da companhia:

- Participações societárias temporárias.
- Debêntures ou títulos emitidos por outras sociedades.
- Participações em sociedades permanentes.
- Bens e direitos do Ativo Permanente (investimentos, imobilizado e intangível).

Compras pagas são consideradas saídas do caixa (diminuem o caixa). Vendas recebidas são consideradas entradas de caixa (aumentam o caixa).

c) Atividades de financiamento

Como vimos no início dos nossos estudos, a empresa dispõe de duas fontes de financiamento, compostas pelo Passivo, que representa o capital de terceiros, e pelo Patrimônio Líquido, que também chamamos de capital próprio.

As atividades de financiamento são aquelas relacionadas a entradas e saídas dessas duas fontes (Passivos e Patrimônio Líquido). Por isso, tanto as contas a pagar quanto os valores do patrimônio líquido (que são os que a empresa deve aos acionistas (proprietários) serão fontes de entradas ou saídas de recursos da empresa, gerando um impacto de aumento ou de redução no caixa da empresa. Quando esses valores aumentam, podemos identificar um aumento de caixa; quando diminuem, refletem uma redução de caixa. Podem ser relacionados às contas a seguir:

- Capital social.
- Reservas de capital.
- Dividendos.
- Empréstimos e financiamentos.

Não podemos esquecer que fornecedores, salários e obrigações trabalhistas e impostos a recolher já foram computados como atividades operacionais. Dessa forma, nas atividades de financiamentos, levaremos em conta as movimentações dos empréstimos e financiamentos, além de outros Passivos que não estejam relacionados com o processo produtivo em si.

Como nas situações anteriores, os pagamentos serão reconhecidos como saídas do caixa (diminuem o caixa), enquanto os recebimentos de dinheiro provenientes dessas operações, além da obtenção de empréstimos e financiamentos, serão considerados formadoras de caixa (aumentam o caixa).

Veja a seguir alguns exemplos simplificados das DFCs:

Calcular a DFC pelo método direto

<table>
<tr><th>ITEM/CONTA</th><th>VALOR</th><th>IMPACTO NO CAIXA</th></tr>
<tr><td colspan="3">As atividades que estão incluídas neste cálculo são as contas que apresentaram variações de um período para o outro (normalmente 1 ano).
Essas variações são referentes aos efeitos gerados no caixa da empresa.</td></tr>
<tr><th colspan="3">ATIVIDADES OPERACIONAIS</th></tr>
<tr><td colspan="3">As atividades operacionais estão divididas em três partes discriminadas a seguir:
• Para calcular o Caixa Gerado pelo Negócio:
Utilizaremos as contas que apresentam as receitas de vendas recebidas, deduzidas dos pagamentos realizados pela compra dos estoques e outras despesas operacionais do período.
• Para calcular o Caixa Líquido após as Operações Financeiras:
Neste ponto, usaremos o resultado financeiro recebido (que é a diferença entre receitas financeiras pagas e recebidas).
• Para calcular o Caixa Líquido após o Imposto de Renda:
Vamos tirar o imposto de renda pago no período.
Somando os itens anteriores, encontraremos a variação do caixa da empresa que foi formada apenas pelas atividades operacionais, mas que representam, via de regra, a maior parte das variações de caixa ocorridas no período.</td></tr>
</table>

ATIVIDADES DE INVESTIMENTO
Levaremos em conta as variações ocorridas no caixa, formadas pelos pagamentos e pelos recebimentos que a empresa teve no período, que foram localizadas como as variações de algumas contas do Ativo Não Circulante da empresa. Assim, as variações de caixa geradas pelos investimentos temporários de longo prazo e pelos investimentos permanentes (empresas coligadas, controladas e de controle conjunto, ou *joint ventures*), pelos imobilizados (bens produtivos) e intangíveis (direitos produtivos). Veja que a variação sempre será gerada pelo pagamento ou pelo recebimento de caixa, e não de valor total da conta em si.
ATIVIDADES DE FINANCIAMENTO
Como já vimos aqui, no início deste capítulo, a empresa tem sua origem formada por duas fontes de financiamentos complementares e independentes, as quais são o capital de terceiros que compreendem todas as contas a pagar e o capital próprio, que é o investimento realizado pelos acionistas ou sócios proprietários, denominado Patrimônio Líquido. As variações de caixa geradas pela movimentação das contas dos empréstimos e dos financiamentos, bem como das contas do Patrimônio Líquido é que vão impactar a demonstração do fluxo de caixa, por aumentos ou reduções de caixa, conforme o tipo de movimentação que geraram. Então, se houve o pagamento ou a redução do quadro de acionistas ou sócios da companhia, entenderemos como uma redução de caixa. Caso tenha havido um aumento nessas contas, poderemos compreender que os recebimentos gerados por esses aumentos geraram um aumento de caixa. Novamente, devemos lembrar que são variações de caixa geradas pelos recebimentos e pagamentos provenientes dessas operações.

Contas que compõem a DFC calculada pelo método direto

ATIVIDADES	CONTAS/ITENS	VALORES	IMPACTO NO CAIXA
Operacionais	Receitas recebidas de clientes		
	- desembolsos para elaboração da produção		
	- despesas operacionais pagas (vendas e administrativas)		
	- despesas antecipadas (pagamentos ainda não consumidos)		

ATIVIDADES	CONTAS/ITENS	VALORES	IMPACTO NO CAIXA
Operacionais	= caixa aumentado ou reduzido pela operação da empresa		
	+ ou - resultado financeiro (diferença entre receitas e despesas financeiras pagas)		
	= caixa líquido calculado após operações financeiras do período		
	- imposto de renda pago		
	= caixa líquido calculado após pagamento do Imposto de Renda		
Investimentos	+ ou - variações do Ativo Não Circulante (aplicações financeiras de longo prazo, investimentos, imobilizado e intangível) **Nota:** aquisições pagas são reduções e vendas recebidas são aumentos do caixa		
	= caixa líquido após atividades de investimento		
Financiamentos	+ novos empréstimos e financiamentos a curto ou longo prazo		
	- amortização do principal dos empréstimos e financiamentos a curto ou longo prazo		

ATIVIDADES	CONTAS/ITENS	VALORES	IMPACTO NO CAIXA
Financiamentos	+ ou - variações das contas do Patrimônio Líquido que redundaram em movimentação de dinheiro para a empresa, como, por exemplo, integralização de capital social		
	= caixa líquido após atividades de financiamento		Valor a ser somado com a próxima linha
	+ caixa inicial (este valor está no Balanço Patrimonial do ano anterior)		
	= caixa final (este valor está no Balanço Patrimonial do ano atual)		

Fonte: Adaptado de MARION, J. C. **Análise das demonstrações contábeis - contabilidade empresarial**, 2009 p. 204.

Exemplo numérico da DFC pelo método direto

DEMONSTRAÇÃO DO FLUXO DE CAIXA PELO MÉTODO DIRETO		
A. Operações		
Receita Recebida	730.000	
(-) Caixa dispendido nas compras	(660.000)	70.000
(-) despesas operacionais pagas		
• vendas	(30.000)	
• Administrativas	(50.000)	
• Antecipadas	------------	(80.000)
Caixa Gerado no Negócio		**(10.000)**
B. Outras Receitas e Despesas		
(+) Receitas financeiras recebidas	10.000	
(-) Despesas financeiras pagas	(30.000)	(20.000)
Caixa Líquido após operações financeiras		**(30.000)**
(-) Imposto de renda pago		(60.000)
Caixa Líquido após imposto de Renda		**(90.000)**

DEMONSTRAÇÃO DO FLUXO DE CAIXA PELO MÉTODO DIRETO		
C. Atividades de Investimento		
Não houve variação do imobilizado	-	-
(+) vendas de ações coligadas	10.000	
(+) Recebimento de ações coligadas	10.000	**20.000**
D. Atividades de Financiamento		
(+) Novos Financiamentos	50.000	
(+) Aumento de capital em dinheiro	40.000	
(-) Dividendos	(50.000)	**40.000**
Redução de caixa no ano		**(30.000)**
Saldo inicial do caixa		**40.000**
Saldo final do caixa		**10.000**

Fonte: MARION, J.C. **Análise das demonstrações Ccntábeis - contabilidade empresarial,** 2009, p. 200.

Detalhamento da DFC calculada pelo método indireto

ITEM/CONTA
Este é o método mais utilizado pelas empresas. Parte do lucro líquido agrega as variações das atividades operacionais, de investimento e financiamentos para calcular o impacto dessas variações no caixa da empresa. Cabe lembrar que ambos os métodos chegam ao mesmo valor no final da Demonstração. Portanto, a seguir estarão detalhadas as mesmas atividades já vistas no método anterior, mas adaptadas a este conceito de cálculo.
ATIVIDADES OPERACIONAIS
Neste método de cálculo, as atividades operacionais são a principal atenção, pois é com base no lucro econômico que serão realizados os cálculos que nos levarão a compreender a variação do caixa da empresa. Por isso, para elaborar a DFC pelo método indireto, a conta inicial a se levar em considerar é o lucro líquido do exercício, que precisa estar ajustado em relação às despesas econômicas (depreciação e amortização) que não representam movimentações de caixa, assim como outras receitas ou despesas que foram reconhecidas como ganhos e perdas por já terem sido realizadas, mas que não efetivaram seu movimento pelo caixa (por exemplo, uma receita contratual não sujeita à perda de uma aplicação de longo prazo já reconhecida que ainda não foi resgatada).

<table>
<tr><td colspan="3">Depois dos ajustes feitos sobre o lucro líquido do período, levaremos em conta as variações das contas que compõem o capital de giro da empresa. Para isso, serão consideradas as variações nas contas a receber de clientes, de estoques, das despesas antecipadas, de impostos calculados sobre compras (a recuperar) e vendas (a recolher), fornecedores e salários a pagar, acrescidos das obrigações trabalhistas.
O resultado dessas contas será o caixa ou gerado ou consumido nas atividades operacionais.</td></tr>
<tr><th colspan="3">ATIVIDADES DE INVESTIMENTO</th></tr>
<tr><td colspan="3">As atividades de investimento também farão parte do cálculo da variação do fluxo de caixa do período. Aqui, nesta etapa, vamos identificar as variações ocorridas no caixa em função dos pagamentos e recebimentos que a empresa teve no período e, consequentemente, das variações de algumas contas do Ativo Não Circulante da empresa. Assim, vale dizer que serão consideradas as variações de caixa geradas pelos investimentos temporários de longo prazo e pelos investimentos permanentes - empresas coligadas, controladas e de controle conjunto (joint ventures), pelos bens imobilizados (bens produtivos) e pelos intangíveis (direitos produtivos).
Repare que a variação sempre será relativa à situação de pagamento ou de recebimento de caixa, e não do valor da conta em si.</td></tr>
<tr><th>ATIVIDADES DE FINANCIAMENTO</th><th>VALOR</th><th>IMPACTO NO CAIXA</th></tr>
<tr><td colspan="3">Assim como no método que vimos anteriormente, serão consideradas as variações de caixa geradas pela movimentação dos empréstimos e financiamentos, bem como das contas do Patrimônio Líquido, que vão impactar esta demonstração do fluxo de caixa.
Novamente, cabe a lembrança de que são variações de caixa ocorridas por recebimentos e pagamentos oriundas destas operações.</td></tr>
</table>

Contas que compõem a DFC calculada pelo método indireto

<table>
<tr><th>ATIVIDADES</th><th>CONTAS/ITENS</th><th>VALORES</th><th>IMPACTO NO CAIXA</th></tr>
<tr><td rowspan="2">Operacionais</td><td>Lucro Líquido do Período (DRE do ano atual)</td><td></td><td></td></tr>
<tr><td>+ ajustes das despesas que não representam saídas de caixa (por exemplo, depreciação e amortizações)</td><td></td><td></td></tr>
</table>

ATIVIDADES	CONTAS/ITENS	VALORES	IMPACTO NO CAIXA
Operacionais	= Lucro ajustado (para cálculo da DFC)		
	+ ou - ajustes das variações do capital de giro		
	ACO (Ativo Circulante Operacional = variações das contas a receber de clientes, dos estoques e dos impostos a recuperar) **Nota:** a princípio, as variações positivas nestas contas podem representar reduções do caixa e as variações negativas podem representar aumentos do caixa.		
	PCO (Passivo Circulante Operacional = variações dos fornecedores, dos salários e obrigações trabalhistas e impostos a recolher) **Nota:** aqui, as variações positivas nestas contas podem representar aumentos do caixa e as variações negativas podem representar reduções do caixa.		
	= caixa líquido calculado após ajustes referentes às Variações Operacionais		
Investimentos	+ ou - variações do Ativo Não Circulante (aplicações financeiras de longo prazo, investimentos, imobilizado e intangível) **Nota:** aquisições pagas são reduções e vendas recebidas são aumentos do caixa		
	= caixa líquido após atividades de investimento		
Financiamentos	+ novos empréstimos e financiamentos a curto ou longo prazo		

ATIVIDADES	CONTAS/ITENS	VALORES	IMPACTO NO CAIXA
Financiamentos	- amortização do principal dos empréstimos e financiamentos a curto ou longo prazo		
	+ ou - variações das contas do Patrimônio Líquido que redundaram em movimentação de dinheiro para a empresa, como por exemplo, integralização de capital social		
	= caixa líquido após atividades de financiamento		Valor a somar com a próxima linha
		+ caixa inicial (este valor está no Balanço Patrimonial do ano anterior)	
		= caixa final (este valor está no Balanço Patrimonial do ano atual)	

Fonte: Adaptado de MARION, J. C. **Análise das demonstrações contábeis: contabilidade empresarial**. São Paulo: Atlas, 2009, p. 199.

Exemplo numérico da DFC pelo método indireto

DEMONSTRAÇÃO DO FLUXO DE CAIXA PELO MÉTODO INDIRETO			
A. Atividades Operacionais			
	Lucro Líquido		24.000
	+ despesas econômicas (não afetam o caixa) - depreciação		10.000
			34.000
Ajuste por mudança de capital de giro (aumento ou redução durante o ano)			
ACO	Duplicatas a receber - aumento (reduz caixa)	(70.000)	
	Estoques - aumento (reduz caixa)	(30.000)	
	Impostos a recuperar - aumento (reduz caixa)	0	
		(100.000)	

DEMONSTRAÇÃO DO FLUXO DE CAIXA PELO MÉTODO INDIRETO			
PCO	Fornecedores aumento (melhora caixa)	20.000	
	Salários a pagar - aumento (melhora caixa)	10.000	
	Impostos a recolher - redução (piora caixa)	(54.000)	
		(24.000)	(124.000)
Fluxo das atividades operacionais			**(90.000)**
B. Atividades de Investimento			
	Variação do imobilizado (não houve)	0	
	Vendas de ações de coligadas	10.000	
	Recebimentos de empresas investidas	10.000	
Fluxo das Atividades de Investimento			**20.000**
C. Atividades de Financiamentos			
	Novos financiamentos (curto + longo prazo)	50.000	
	Aumento de capital em dinheiro	40.000	
	Dividendos pagos	(50.000)	
Fluxo das Atividades de Financiamento			**40.000**
	Redução de caixa no ano		**(30.000)**
	Saldo inicial do caixa	40.000	
	Saldo final do caixa	10.000	

Fonte: adaptado de MARION, J. C. **Análise das demonstrações contábeis: contabilidade empresarial**. São Paulo: Atlas, 2009, p. 199.

#ESTUDE MAIS

- VIEIRA, E. T. V.; BATISTOTI, J. V. C. A demonstração do fluxo de caixa como instrumento de gerenciamento e controle financeiro para as micro e pequenas empresas. **Revista de Micro e Pequenas Empresas e Empreendedorismo da Fatec**, v. 1, n. 2, p. 186-205, 2015.
- MARQUES, J. H. V. L. *et al.* **Fluxo de caixa:** ferramenta na Administração Financeira, 2015. Disponível em: <https://goo.gl/prcV8n>. Acesso em: 5 nov. 2018.

#RECORDAR

Neste capítulo, abordamos os conceitos de entradas e saídas de caixa. Esta área, a do caixa, é de vital importância para a manutenção da saúde financeira do negócio. Mesmo que a empresa venha atuando com boa rentabilidade em suas operações, é muito importante prezar pela manutenção de um fluxo de entradas e saídas de dinheiro que tenham tal encaixe, de modo a permitir que a companhia gere recursos para efetuar seus pagamentos sem custos financeiros adicionais, como juros pagos pela obtenção de empréstimos para financiar capital de giro.

Por isso, passamos pelas três portas de entradas e saídas de dinheiro que uma empresa tem ao longo de suas atividades. São elas:

- As operações geradas pela atividade operacional do negócio, envolvendo desembolsos e recebimentos provenientes da elaboração e negociação do produto da empresa.
- As operações que acontecem advindas dos investimentos, com especial foco para aquisições e vendas dos investimentos realizados pela companhia.
- E, finalmente, as operações relacionadas a empréstimos e financiamentos, tanto pelo ponto de vista tomador de recursos quanto do ponto de vista pagador de capitais que beneficiaram a empresa.

Ainda, deve-se lembrar de que a empresa é o que ela deve. Porém, a saúde da capacidade de pagamento permite seu real crescimento de longo prazo.

Nesta seção, é importante que você tenha clareza sobre:

- a diferença entre recebimentos e ganhos;
- a diferença entre pagamentos e despesas ou custos;
- o fato de que o vale para calcular é o fluxo de entradas de saídas de dinheiro, que é o fundamento do regime de caixa.
- a existência de dois métodos distintos para o cálculo do fluxo de caixa – o direto e o indireto. Porém, ambos levam ao mesmo valor relativo às variações de dinheiro ocorridas no período em análise.

#NA PRÁTICA

Veja um exemplo de uma empresa de cosméticos cujas demonstrações financeiras foram publicadas em 2018, referentes ao ano de 2017, no site: <https://goo.gl/4EbfjP>. Acesso em: 29 out. 2018.

Aproveite e veja também as demais demonstrações financeiras publicadas do ano. Este é um balanço muito bem elaborado. Será de grande valia para completar seus estudos. Bons estudos!

FINANCIAMENTOS, EMPRÉSTIMOS, APORTES DE CAPITAL E RECURSOS NÃO REEMBOLSÁVEIS

Neste capítulo, você...

... terá uma visão geral das fontes de financiamento, capitalização e fomento para empresas.

No final do capítulo, você...

... compreenderá quais são, como e onde captar as fontes de financiamento mais adequadas para cada tipo de negócio que será desenvolvido pela empresa em sua toda sua trajetória.

11.1 FONTES DE EMPRÉSTIMOS, FINANCIAMENTO, FOMENTO E CAPITALIZAÇÃO

Poucos empreendedores se dão conta, pelo menos na fase inicial do negócio, que uma empresa não vai à falência por ter prejuízo, mas por ter fluxo de caixa negativo e não contar com recursos para honrar seus compromissos financeiros. Enquanto a empresa puder contar com recursos próprios do empreendedor, de empréstimos ou financiamentos bancários ou não bancários (por exemplo, *factoring*, financiamento obtido junto aos seus fornecedores), de investidores privados, de acordos ou alternativas de renegociação/postergação de pagamentos, entre outras opções de equilibrar o fluxo de caixa, ela continuará existindo, mesmo tendo prejuízo contábil.

Porém, saber lidar com essas fontes de recursos não deve ser importante apenas para as situações de crise financeira, o empreendedor também deve saber captar recursos para o desenvolvimento e expansão do seu negócio. Há empréstimos e financiamentos com condições especiais para a empresa que quer investir em inovação oferecidos pelo Banco Nacional de Desenvolvimento Econômico e Social (BNDES), por exemplo. Existem, ainda, pessoas físicas que não são seus conhecidos ou da sua família que, em vez de comprar um carro novo ou apartamento ou investir no mercado financeiro, preferem apostar em negócios nascentes. Esse tipo de investidor é chamado de anjo.

Um investidor-anjo pode investir algo entre 50 a 500 mil reais. Talvez um pouco menos ou até um pouco mais. Há também outra categoria de investidor, chamado de investidor de *venture capital*, que pode aportar entre 1 milhão ou até 10 milhões de reais ou mais em negócios de pequeno porte, alguns até nascentes. E mesmo os bancos mais conhecidos, desses com milhares de agências espalhadas pelo Brasil, podem oferecer linhas de crédito muito vantajosas para o empreendedor.

Mas antes de se animar com essas informações, saiba que existem sim recursos para o empreendedor no Brasil; no entanto, em geral, quem consegue acessá-los é apenas uma minoria das milhões de empresas de pequeno porte constituídas no Brasil. Porém, há o que pode parecer um paradoxo: em vários tipos de linha, o ofertante do recurso encontra muitas dificuldades para distribuir os recursos que tem.

Isso porque as duas partes (empreendedor e fonte do recurso) podem apresentar barreiras que impedem a ocorrência de um número maior de transações. No caso da fonte do recurso, ela pode ser muito exigente no perfil de empresa que aprova; ser muito burocrática; ou, ainda, o processo pode ser tão demorado a ponto de o empreendedor desistir ou mesmo nem se sentir motivado a iniciar a captação do recurso. Do lado do empreendedor, ele pode ter muita culpa também. É possível que não esteja em dia com a contabilidade ou pagamento de tributos, por exemplo; que tenha alguma pendência creditória, fiscal ou judicial; que não saiba como captar o recurso; e pior - o que ocorre na maioria dos casos - o empreendedor pode desconhecer as alternativas de recursos para o seu negócio.

O objetivo deste capítulo é apresentar e fundamentar a análise e prospecção de fontes de financiamento para que se aumentem as chances de obtê-los. Além das linhas bancárias tradicionais e linhas não bancárias mais conhecidas do empreendedor brasileiro, serão abordadas outras fontes menos conhecidas, como aquelas oferecidas em programas governamentais, investidores privados, incluindo investidores-anjos, fundos de investimentos e capital de risco. Para aproveitar melhor as próximas seções deste livro, é importante que o participante também inclua na análise outras informações, como indicadores econômicos e financeiros, contábeis, as noções de custos e orçamento de capital.

A análise de indicadores econômicos, por exemplo, pode auxiliar na tomada de um empréstimo a taxas prefixadas ou pós-fixadas. A análise de indicadores financeiros da empresa pode sugerir a tomada de um financiamento de curto, médio ou longo prazo. Informações da gestão estratégica da empresa podem indicar a oportunidade da abertura de uma nova fábrica ou nova loja, por exemplo. E a análise do orçamento de capital pode indicar a necessidade de um aporte de um investidor de *venture capital* em determinado período no futuro.

> "Não tivemos a quantidade de bons projetos que esperávamos", disse Eduardo Costa - na época, diretor de inovação da Finep.
>
> "Vemos que os recursos estão à disposição, o que falta é mais qualidade nos projetos das empresas". Sergio Rezende - na época, ministro da Ciência e Tecnologia. (BORGES, 2008, p. 24)

Empréstimo é a alternativa de recurso mais conhecida pelos empreendedores, pois é oferecido pelos bancos tanto para pessoas físicas como para jurídicas. "Pegar um empréstimo no banco" é uma frase facilmente entendida por qualquer um, mas o que pode ser uma novidade é sua comparação com "pegar um financiamento no banco". Muitos utilizam empréstimo e financiamento como sinônimos; entretanto, conforme observado nas definições utilizadas pelo Banco Central do Brasil, diferenciam-se na sua destinação. Enquanto o empréstimo não tem uma destinação específica, o financiamento sempre está associado a um bem, muitas vezes dado em garantia para a operação ou mesmo alienado em nome do financiador. Por essa razão, os financiamentos tendem a ter um custo financeiro menor que os empréstimos.

Enquanto os empréstimos podem ser obtidos nas instituições bancárias e mesmo não bancárias, como as empresas de *factoring*, os financiamentos podem ser obtidos, além de junto aos bancos, também de fornecedores de máquinas e equipamentos (que tendem a oferecer linhas próprias de financiamento). O próprio BNDES atua com linhas indiretas de financiamento (feitas por meio de um parceiro bancário), como ocorre com as linhas de Finame ou BNDES Automático, por exemplo, e com linhas diretas (feitas diretamente entre a empresa e o BNDES), como é feito nas linhas de apoio à inovação, setores específicos e projetos incentivados pela política industrial do governo federal, que escolhe algumas indústrias ou setores específicos para apoiar.

As linhas de fomento tendem a ser menos conhecidas pelos empreendedores, pois são oferecidas por entidades que, em geral, não estão em seu "radar". São raros os empreendedores que conhecem a atuação das fundações de amparo à pesquisa, como a Fapesp, no Estado de São Paulo, Fapemig, em Minas Gerais, ou Faperj, no Rio de Janeiro, da Financiadora de Estudos e Projetos (Finep) ou do Conselho Nacional de Desenvolvimento Científico e Tecnológico (CNPq). Essas entidades têm incentivado (fomentado) empresas brasileiras a inovar e oferecido recursos não reembolsáveis (popularmente chamado de fundo perdido - termo muito criticado pelas entidades). Para o empreendedor que não tem familiaridade com o termo "reembolsável" ou "não reembolsável", este último tipo de recurso é literalmente dado para a empresa desenvolver sua atividade. É dado porque a empresa não precisa devolver o dinheiro, ou seja, não precisa reembolsar a fonte do recurso. "Como assim?" é uma reação típica de quem ouve falar nesse tipo de recurso.

Por mais que pareça uma "pegadinha", há algumas linhas de recursos assim oferecidas por FAPs, Finep, CNPq, BNDES e Senai. Cada linha tem regras próprias nem sempre são contínuas, ou seja, o empreendedor nem sempre pode prever se, como, quanto e quando poderá usufruir de recursos assim. Com a rara exceção da Fapesp, que apresenta um cronograma muito estável e previsível, as demais entidades trabalham com chamadas que podem ser ofertadas apenas uma única vez, mesmo quando anunciadas que seriam ofertadas pelos próximos anos.

Por fim, há as linhas de capitação de empresas por meio de dívidas ou aquisições de ações ou cotas do capital social da empresa. Nesse caso, o empreendedor ganha um (ou mais) sócio(s) quando este(s) assume(m) uma dívida quase sempre conversível em ações ou quando compra(m) parte do controle acionário do empreendimento. Comumente, esse tipo de operação é chamado de capital de risco, mas, como muitos dos investidores não gostam do termo, utilizam as versões em inglês.

Em geral, o mercado de capital de risco no Brasil é dividido por estágio de vida da empresa e volume aportado na empresa. O primeiro tipo de investidor de capital de risco é o investidor-anjo (*angel investor*), pessoa física que decide aportar recursos próprios em uma empresa nascente ou que ainda nem existe. Tais aportes podem variar entre 50 mil a 500 mil reais. Talvez um pouco menos ou até um pouco mais. Em seguida, pode aparecer o investidor de capital semente (*seed capital*), que já investe em uma empresa nascente ou de pequeno porte, desde que tenha alto potencial de geração de valor. Investimentos costumam variar entre 300 mil ou 500 mil reais e chegar a 2 ou 3 milhões de reais.

Nesse estágio de ciclo de vida da empresa ainda pode aparecer o investidor de *venture capital - early stage*, que pode fazer aportes até 5 milhões de reais ou um pouco acima disso em uma empresa de pequeno porte de alto potencial de geração de valor. Há ainda o investidor de *venture capital - late stage*, que investe em negócios de pequeno para médio porte e também com alto potencial de geração de valor. Esses investimentos podem chegar a 20 ou R$ 30 milhões de reais. Em alguns casos, os valores podem superar esse valor. O ciclo de capital de risco é finalizado pelos investidores de *private equity*, que investem em empresas de médio para grande porte e fazem aportes acima de R$ 40 milhões ou 50 milhões de reais, podendo superar a barreira de 1 bilhão de dólares, em casos mais extremos.

11.2 CARACTERÍSTICAS DOS RECURSOS

Muitos empreendedores têm dificuldades em captar os recursos porque não conseguem entender suas principais peculiaridades, uma vez que podem ter uso específico ou genérico, ser padronizados ou não padronizados, ser reembolsáveis ou não reembolsáveis, entre outras características.

A seguir, as principais peculiaridades são discutidas.

11.2.1 Recursos de uso específico e de uso genérico

Para que as empresas não percam o tempo dos seus colaboradores na busca de linhas de recursos, o primeiro desafio é entender a finalidade de cada linha, o que possibilitará uma visão geral dos recursos disponíveis no Brasil.

Existem os empréstimos de uso genérico de curto prazo, como o *hot money*, a conta garantida ou capital de giro, mas o empreendedor, em geral, tem mais interesse pelos financiamentos de uso específico, uma vez que, comumente, eles oferecem custos mais baixos. É o caso das linhas de financiamento de máquinas e equipamentos, financiamento a importação/exportação, as operações de arrendamento mercantil ou, ainda, as operações estruturadas.

As linhas de recursos não reembolsáveis sempre são de uso específico, principalmente para apoio de projetos de inovação.

No caso das captações de investidores privados, apesar de haver mais liberdade no uso dos recursos, isso sempre deve ser previamente aprovado pelo investidor.

Há, ainda, outras limitações que podem inviabilizar a solicitação do recurso. Algumas linhas podem ser acessadas somente por empresas brasileiras ou por empresas sediadas em determinado estado. Outras podem ser acessadas apenas por empresas de pequeno porte; outras, ainda, apenas por empresas que atuam em determinado segmento econômico.

> "Na chamada Subvenção Econômica 01/2018, a Finep definiu empresa brasileira como aquela constituída sob as leis brasileiras e que tenha sede e administração no país, independentemente de quem seja seu sócio majoritário". (FINEP, 2018).

Assim, em toda linha de recurso é preciso identificar, logo no início do processo, para que serve o recurso e quem pode solicitá-lo. Se não atender ao interesse do empreendedor e o empreendimento não se enquadrar nos critérios da fonte do recurso, é preciso abandonar o processo.

11.2.2 Recursos padronizados e não padronizados

Outra preocupação inicial diz respeito à padronização do processo de obtenção dos recursos. Quanto mais padronizada for a disponibilidade de um recurso para uma empresa, mais fácil será a sua compreensão por todos os envolvidos.

Ao contrário dos recursos bancários, em que há um altíssimo nível de padronização para diversos produtos, até mesmo por exigência do Banco Central do Brasil, não há uma uniformidade no nível de padronização dos recursos não bancários. Para uma empresa, é muito mais fácil analisar suas chances de obter um empréstimo em uma conta garantida de um banco comercial do que levantar recursos de um investidor de capital de risco.

Quando os recursos são oferecidos por entidades governamentais, em geral há um nível mais alto de padronização para os interessados que os solicitam, uma vez que há a relação um para muitos: uma fonte de recursos para muitos interessados. Nesse contexto, todas as solicitações de recursos ao BNDES tendem a seguir padrões semelhantes. O mesmo ocorre com solicitações a Finep, CNPq e fundações de amparo à pesquisa (Fapesp, Faperj, Fapemig etc.). O processo pode ser alterado de linha de recurso para linha de recurso, mas sempre haverá um padrão que poderá ser estudado previamente pela empresa que faz sua solicitação. No caso das fontes governamentais de recursos, o relacionamento com o interessado tende a ser igualitário para todas as empresas interessadas. Essa padronização no relacionamento é mais alta nessas entidades porque, como os recursos distribuídos são públicos, exige-se um nível maior de transparência entre todos os envolvidos.

Contudo, o nível de padronização tende a variar muito quando a fonte dos recursos são os investidores privados. Como a origem é privada, as informações sobre as operações de captação de recursos também tendem a ser sigilosas. A ausência de informações prejudica a padronização do processo e pode dificultar a captação do recurso.

11.2.3 Fontes de recursos e os níveis de padronização

Veja a seguir as principais fontes de recursos. Como são formadas e para quais finalidades são mais adequadas.

a) ***Family, friends and fools (3F)*:** aqui entra de tudo: dinheiro dos pais, sogros, tios, amigos, conhecidos, conhecido do conhecido e até de desconhecidos. Não há um padrão porque o processo de captação depende de cada contexto.

b) **Clube de investimentos:** são formados por pessoas físicas. Como o objetivo delas é se reunir para fazer investimentos conjuntos em empresas promissoras, a padronização tende a ser um pouco maior que a categoria 3F. Entretanto, como esses clubes são fechados, não se fica sabendo quais são os padrões utilizados.

Além disso, o padrão do processo de investimento tende a ser diferente de clube para clube.

c) **Empresas em geral:** há um número muito restrito de empresas que têm uma área, departamento ou unidade de negócio que se dedica exclusivamente a investimentos em outras empresas. Em geral, são áreas internas de fusões e aquisições. Mas a grande maioria faz aquisições em situações oportunísticas, em geral com o auxílio de alguma consultoria financeira externa.

d) ***Holdings*** **de investimentos:** por questões fiscais ou estratégicas, algumas empresas criam uma empresa independente para cuidar dos investimentos em outras empresas. Essas empresas têm por finalidade a participação acionária em outras empresas que, de alguma forma, oferecem ou oferecerão alguma vantagem competitiva para a empresa-mãe no futuro.

e) **Fundos CVM:** a CVM exige que diversos processos sejam padronizados em todos os fundos sob sua supervisão. Mas, em geral, essa padronização se dá nos processos operacionais do fundo (por exemplo, auditoria, governança corporativa, entrega de relatórios); todavia, as questões estratégicas de avaliação tendem a ser parcialmente diferentes de fundo para fundo. Isso costuma causar alguma confusão nas empresas interessadas na captação do recurso desses fundos.

f) **CNPq/FAPs:** o processo de obtenção de recursos do CNPq e FAPs estaduais tende a ter um padrão único, que pode ser diferente dependendo da linha do recurso. Mas, em geral, o processo é publicado com antecedência de alguns (bem poucos) meses. O desafio das empresas que solicitam recursos junto ao CNPq/FAPs não é entender o processo em si, mas apresentar propostas com base científica.

g) **Finep:** o processo de obtenção de recursos da Finep é bastante claro. Em geral, assim como o CNPq e FAPs, a Finep solicita o preenchimento de formulários padronizados nas solicitações de recursos. Contudo, um elemento - o principal - dos processos de avaliação da Finep sempre gera dúvida nas empresas interessadas: a inovação. A Finep apoia projetos inovadores de empresas, mas estas nem sempre conseguem caracterizar a inovação em suas propostas.

h) **BNDES:** atua por três canais principais: indireta (por meio de bancos associados), direta (empresa entra em contato diretamente com o BNDES) e, ainda, por meio de subscrição de valores mobiliários. Nos canais diretos e indiretos, o processo é bastante padronizado. Nos canais indiretos, o processo de obtenção do recurso passa, em geral, pela análise de crédito da empresa, o que implica também análise das garantias oferecidas para a transação. Nas linhas diretas, em geral, o desafio para as empresas, principalmente as pequenas e médias, é a caracterização das garantias. A terceira forma de atuação do BNDES pode seguir a lógica das *holdings* de investimento (quando a operação é feita pelo BNDESPar, a *holding* de participações do BNDES) ou dos fundos CVM (o BNDES mantém com diversos fundos de capital de risco).

i) **Bancos comerciais:** a grande maioria dos produtos oferecidos pelos bancos é padronizada. Seu funcionamento tende a não mudar (ou mudar muito pouco) de instituição para instituição. Ocorre que alguns bancos podem oferecer operações estruturadas mais complexas (e menos padronizadas) para empresas de maior porte.

11.2.4 Recursos reembolsáveis e não reembolsáveis

É preciso, ainda, separar as linhas de recursos reembolsáveis (empréstimos, financiamentos, investidores privados) das não reembolsáveis (fomento de agências governamentais, investidores privados).

Em geral, os empreendedores têm muito interesse pelos recursos não reembolsáveis, pois acham que não têm custo. Na verdade, o recurso não precisa ser devolvido à fonte, mas é necessário apresentar uma série de documentos e relatórios que envolvem custos. Empresas em estágios muito iniciais podem não contar com pessoas para fazer esse tipo de serviço, e a falta do retorno à fonte do recurso pode implicar prejuízos sérios ao negócio.

É preciso também ter uma atenção especial com os investidores de capital de risco. Em geral, o investimento é um recurso não reembolsável, uma vez que o empreendedor não terá de devolver o dinheiro do aporte de capital ao investidor. O investidor adquire uma participação no negócio esperando que a empresa evolua, assim como seu valor de mercado. Anos depois, o investidor espera revender sua participação acionária para outra empresa, investidor ou mesmo para o próprio empreendedor, que pagará um valor maior pelas ações. Mas isso não se configura como um empréstimo. Entretanto, alguns investidores de capital de risco incluem uma estrutura de empréstimo na qual a empresa assume uma dívida (com juros) junto ao investidor. Em geral, essa dívida é conversível em ações quando for do interesse do investidor.

De qualquer forma, é importante que o empreendedor saiba das implicações em obter o recurso, seja ele reembolsável ou não.

11.2.5 Recursos com contrapartida e sem contrapartida

Outro aspecto importante das linhas de recursos - principalmente das linhas de fomento - disponíveis para as empresas é a necessidade ou não de contrapartidas.

Contrapartidas são exigências específicas a que a empresa que solicita o recurso deve atender para que o seu projeto seja aprovado. Quando uma entidade exige contrapartida da empresa solicitante, as exigências são itens da avaliação inicial e o seu não cumprimento automaticamente desclassifica o projeto.

As contrapartidas podem ser classificadas como financeiras e não financeiras. As contrapartidas financeiras se caracterizam quando a entidade que oferta o recurso estipula que a empresa solicitante deve arcar com uma porcentagem do valor financeiro total que será utilizado no projeto. Em geral, quando ela é exigida, a entidade investidora explica o que pode e o que não pode ser calculado como contrapartida.

A definição de quais componentes entram no cálculo da contrapartida financeira vai depender de cada linha de recurso; em geral, isso segue a lógica da definição contábil de custo direto e despesa direta (em detrimento aos custos e despesas indiretas). Comumente, são custos e despesas diretamente envolvidos no projeto.

Além das contrapartidas financeiras, algumas linhas podem exigir contrapartidas não financeiras. As mais comuns são:

a) **Garantia do crédito:** aparecem com frequência nas linhas de financiamento (empréstimos) do BNDES e da Finep. Pode implicar apresentação de garantias reais (imóveis, hipotecas, ativos), seguros ou fundos de aval.

b) **Caracterização específica:** variam muito dependendo do recurso. Os recursos oriundos do CNPq e FAPs podem exigir a caracterização de projetos de pesquisa. A Finep, em geral, analisa a caracterização da inovação, mas também pode exigir uma parceria empresa-universidade ou instituto de pesquisa. Os Fundos CVM de capital de risco relacionam-se ao potencial de valorização do negócio e à estratégia de saída.

c) **Facilidades:** em algumas linhas, exige-se a comprovação de que a empresa solicitante tem condições (facilidades) de receber o recurso solicitado e de executar o projeto. Facilidades podem incluir a existência de máquinas e equipamentos, equipe e domínio do conhecimento técnico.

11.2.6 Recursos contínuos e pontuais

Por fim, aqueles que buscam recursos não bancários para suas empresas precisam entender que há recursos que são disponibilizados de forma contínua - ou seja, a qualquer momento a empresa pode entrar em contato e efetuar a solicitação do recurso - e recursos disponibilizados pontualmente (de vez em quando ou apenas uma única vez).

11.3 EMPRÉSTIMOS E FINANCIAMENTOS

É provável que, para implementar essa estratégia, sua empresa demande recursos, os quais poderão ser gerados pelo próprio caixa, por meio de empréstimos e financiamentos e, em algumas situações especiais, por aportes de capital de investidores ou por acesso a recursos não reembolsáveis. Uma projeção dos resultados futuros do seu negócio, considerando as entradas e saídas de caixa, pode ajudar na análise se a geração futura de caixa poderá financiar a implantação da estratégia. Contudo, independentemente dessa opção, é importante considerar outras, como financiamentos, fundos não reembolsáveis, aporte de capital e/ou uma combinação dessas opções.

Neste capítulo, tratamos do tema empréstimos e financiamentos bancários. Esse tipo de informação é bastante difundido e você pode pesquisar facilmente nos sites dos principais bancos brasileiros.

Neste momento, é importante refletir sobre as seguintes questões:

a) Quais são as principais alternativas bancárias de empréstimos e financiamentos?

b) Quais são as alternativas de curto prazo (um dia a um mês) para eventuais emergências, as alternativas de médio prazo (um mês a um ano) e aquelas de longo prazo (acima de um ano), mas atreladas à estratégia de longo prazo da empresa?

c) Como essas alternativas podem ser alinhadas com a estratégia de crescimento da empresa?

11.3.1 Linhas bancárias tradicionais

O Banco Central do Brasil considera como principais as seguintes modalidades de linhas bancárias para as empresas:

a) Taxas prefixadas

- Antecipação de recebíveis (faturas de cartão de crédito).
- Capital de giro com prazo de até 365 dias.
- Capital de giro com prazo superior a 365 dias.
- Cheque especial.
- Conta garantida.
- Desconto de cheque.
- Desconto de duplicata.
- *Vendor*.

b) Taxas pós-fixadas referenciadas em juros flutuantes

- Capital de giro com prazo de até 365 dias.
- Capital de giro com prazo superior a 365 dias.
- Conta garantida.

c) Taxas pós-fixadas referenciadas em moeda estrangeira

A seguir, há uma breve explicação sobre as principais modalidades, de acordo com o Banco Central do Brasil (2013) e Sociedade de Negócios (2013):

- **Antecipação de recebíveis/Desconto de duplicatas:** antecipação do pagamento, mediante desconto, de valores futuros a receber, como notas promissórias, duplicatas, vendas parceladas (inclusive via cartão de crédito).
- ***Hot money:*** no Brasil, o termo *hot money*, amplamente empregado por bancos comerciais, aplica-se a empréstimos de curtíssimo prazo (de 1 a 29 dias). Esses empréstimos têm a finalidade de financiar o capital de giro das empresas para cobrir necessidades imediatas de recursos, sem contrato de empréstimo de caráter complexo.
- **Capital de giro:** termo que se refere ao capital (próprio ou de terceiros) utilizado pela empresa para o financiamento da sua produção, por exemplo, o dinheiro usado para pagar fornecedores. Os recursos de terceiros são, em geral, levantados junto a bancos comerciais por meio de operações, como desconto de duplicata, por exemplo.
- **Conta garantida:** conta empréstimo separada da conta-corrente, com limite de crédito de utilização rotativa, destinado a suprir eventuais necessidades de capital de giro.
- **Vendor:** modalidade de crédito que permite aos fornecedores financiar a venda de seus produtos aos compradores, utilizando recursos do banco.
- **Adiantamento sobre contratos de câmbio (ACC):** forma de financiamento utilizada por empresas exportadoras, por meio da qual a empresa recebe antecipadamente recursos que são utilizados no financiamento da sua produção. Assim, o banco concede à empresa

exportadora uma antecipação dos reais equivalentes à quantia em moeda estrangeira que a empresa iria receber pelas suas vendas a prazo. Vale ressaltar que essa antecipação pode ser parcial ou total.

#ESTUDE MAIS

IMPRESSO

- FORTUNA, E. **Mercado financeiro**. Rio de Janeiro: Campus, 2012.

11.3.2 Linhas estratégicas de longo prazo

Além das linhas tradicionais oferecidas pelos bancos, o empreendedor também precisa conhecer as linhas de crédito oferecidas pela Finep e pelo BNDES. Em geral, são linhas que apoiam questões estratégicas da empresa, como inovação, aumento da capacidade de produção e expansões, incluindo expansões internacionais em alguns casos. Em Manual de inovação (MBC, 2009), você encontrará mais informações sobre essas linhas, mas é importante que também visite os sites dessas instituições para entender os procedimentos mais detalhados de cada linha oferecida.

CAPITAL DE RISCO

No capital de risco, basicamente um investidor - que pode ser uma pessoa física, uma empresa de participações ou um fundo de investimento - adquire uma participação em uma empresa com potencial de gerar valor e, depois de um período (meses ou anos), vende essa participação por um valor maior para o próprio empreendedor, para outro investidor ou empresa ou, ainda, por meio de abertura de capital em bolsa de valores.

Nesta sessão, é importante refletir sobre as seguintes questões:

a) O que é capital de risco e como uma empresa pode ganhar com essa alternativa?

b) Quais as principais diferenças entre investidor-anjo, investidor de seed capital, investidor de venture capital e investidor de private equity?

c) O que buscam esses investidores?

d) A quais perguntas sua empresa deve responder para atrair a atenção desse tipo de investidor?

#ESTUDE MAIS

Se tiver interesse em conhecer um pouco mais sobre o mercado de capital de risco, visite os sites destas associações:

- Associação Brasileira de Venture Capital e Private Equity (ABVCAP) - <www.abvcap.com.br>.
- The Latin American Venture Capital Association (LAVCA) - <https://lavca.org>.
- Centro de Estudos em Private Equity (Cepe) - <https://eaesp.fgv.br/ensinoeconhecimento/centros/cepe>.

Se você tem interesse em captar recursos de investidores de capital de risco, antes de iniciar o processo, é preciso entender o que é isso e como funciona.

11.4.1 Questões relevantes na captação de recursos não reembolsáveis

Entidades como Finep, CNPq, Fapesp e BNDES têm oferecido recursos para empresas brasileiras e até multinacionais, mas muitas organizações ainda desconhecem tais instituições e suas linhas de fomento. Com exceção do Banco Nacional de Desenvolvimento Econômico e Social (BNDES), as entidades de fomento oferecem linhas de apoio não reembolsáveis. Em outras palavras, a empresa recebe o recurso, mas não precisa devolvê-lo, uma vez que se trata de um dinheiro praticamente dado para que a organização execute o projeto. Muitas vezes, esse tipo de recurso é chamado de "fundo perdido"; esse termo, porém, não ilustra adequadamente sua função, que é a de apoiar o desenvolvimento de empresas que atuam no Brasil.

Tradicionalmente, essas entidades apoiam projetos de inovação, em especial a inovação tecnológica, lideradas por empresas em parceria ou não com entidades de ciência e tecnologia, como universidades e institutos de pesquisa.

Assim, para que empresas tenham acesso a esse recurso, antes é necessário compreender a definição de inovação aceitas por cada instituição.

Boa parte dos recursos destinados ao fomento de empresas está associada à inovação tecnológica. Para entender esse conceito, é necessário que alguns aspectos da pesquisa científica e desenvolvimento tecnológico (P&D) sejam esclarecidos.

Esses aspectos de P&D são muito relevantes para as empresas interessadas em captar recursos das agências de apoio à inovação porque a grande maioria das linhas de recursos disponíveis é direcionada para o apoio de inovações tecnológicas de produtos e processos.

Contudo, esses aspectos de P&D são de difícil entendimento para a maioria das empresas brasileiras que nunca tiveram qualquer contato com processos de pesquisa científica e desenvolvimento tecnológico.

Para se ter uma noção mínima dos aspectos de P&D no desenvolvimento de inovações tecnológicas, é necessário que você compreenda a dinâmica das fases de uma inovação, de Day *et al.* (2000), que trata da evolução típica de uma inovação tecnológica.

Todo projeto de inovação tecnológica e não tecnológica demanda esforços das pessoas envolvidas. Em um projeto de uma inovação não tecnológica, há esforços das pessoas envolvidas com a geração da ideia, a conversão da ideia em novo produto, processo, método de marketing ou método organizacional e sua disseminação na empresa (novo processo ou método organizacional) ou no mercado (novo produto ou método de marketing).

Nos projetos de inovação tecnológica, os esforços são os mesmos; contudo, os esforços de geração de ideias demandam a necessidade de descobertas científicas, que, por sua vez, só são possíveis em função de pesquisas científicas. Algumas poucas empresas brasileiras vêm conseguindo desenvolver projetos de inovação tecnológica com base em pesquisas científicas desenvolvidas em universidades e institutos de pesquisa. E há outras pouquíssimas empresas que mantêm uma área de pesquisa dentro da empresa; em geral, são grandes empresas, como a Petrobras ou Natura, ou pequenas e médias empresas, que já conseguiram recursos para estruturar uma pequena área de pesquisa.

O desafio da interação de empresas com a pesquisa científica é encontrar modelos competitivos, em geral, alguma descoberta científica com potencial para se tornar um novo produto ou um novo processo. Mas uma empresa não precisa investir em pesquisa científica para desenvolver inovações tecnológicas. Boa parte das empresas inovadoras de base tecnológica não faz isso, mas tenta encontrar ideias de inovações tecnológicas em modelos científicos competitivos já divulgados em publicações científicas para iniciar o processo de tentar transformar a ideia em novo produto ou processo.

A grande maioria das empresas, porém, já escolhe um modelo competitivo adotado por outras empresas e tenta adaptá-lo para desenvolver produtos e processos modificados (ou significativamente modificados, como define o Manual de Oslo.[1] Nesse caso, não é necessário colocar esforços no desenvolvimento da tecnologia, apenas adaptá-la para desenvolver novas aplicações em produtos ou processos. O exemplo mais comum desse tipo de empresa são as desenvolvedoras de softwares aplicativos. Em geral, tais empresas não desenvolvem pesquisa científica sobre linguagens computacionais; apenas utiliza as linguagens tecnicamente maduras e confiáveis para desenvolver seus softwares aplicativos.

Uma vez que a empresa consiga desenvolver uma aplicação competitiva para o mercado consumidor escolhido, o esforço da empresa se volta para a disseminação da aplicação, ou seja, a implantação do processo ou a comercialização do novo produto tecnológico.

1 Disponível em <https://ani.pt/manual-de-oslo-2018/>. Acesso em: 5 nov. 2018.

11.5 PROJETO OU PLANO DE NEGÓCIO?

Além das questões a respeito de mérito e persuasão, também é preciso prestar atenção aos aspectos da documentação. Em geral, os principais documentos exigidos dizem respeito aos aspectos jurídicos (contrato ou estatuto social), contábeis (demonstrações financeiras) e cadastrais (formulários específicos exigidos por cada entidade). Mas adicionalmente, dois tipos de documento podem ser exigidos: projeto e plano de negócio.

O projeto é exigido principalmente nas linhas de recursos não reembolsáveis, já que estes tendem a apoiar um projeto específico da empresa. Um projeto é uma iniciativa temporária, realizada para criar um serviço ou produto único. Nesse caso, o empreendedor precisa dominar as técnicas de elaboração e gestão de projetos e aplicativos, como o MS Project. A principal figura da gestão de projeto é o Gráfico ou Diagrama de Gantt, que apresenta, de forma visual, o cronograma de atividades de um projeto. Quando a entidade solicita um projeto, é preciso apresentar como o projeto será desenvolvido, explicando quais serão as principais etapas, principais atividades, cronograma, os responsáveis, necessidades de recursos e custos. Essa informação será a principal e será por onde a entidade que oferece o recurso saberá como está o andamento do projeto.

Além do projeto, algumas fontes de recursos, como investidores de capital de risco e bancos, podem exigir um plano de negócio. Há uma vasta bibliografia sobre o assunto, e o empreendedor ficará facilmente perdido se consultar mais de uma referência. Inicialmente é preciso entender se a fonte que oferece o recurso apresenta um modelo de plano de negócio. O BNDES, por exemplo, trabalha dessa forma, disponibilizando modelos e planilhas que facilitam o trabalho do solicitante do recurso. Mas se não houver um modelo, o livro-texto *Plano de negócio: teoria geral* (NAKAGAWA, 2011) apresenta diferentes abordagens e modelos de plano de negócio atrelados ao objetivo específico em que o plano precisa ser elaborado.

Em geral, os planos de negócio podem ser classificados em duas grandes categorias: planos para empresas nascentes e planos para empresas existentes. Nos planos de negócios nascentes, o plano é mais frágil, já que não há informações históricas que sustentem o planejamento, daí a estruturação ser semelhante a uma pirâmide de cartas de baralho. O mesmo não acontece para planos de negócios existentes. Nesse caso, o empreendedor já tem informações a respeito do seu negócio e do seu mercado, o que contribui para a elaboração de um plano mais sólido e consistente.

E, por fim, há entidades que apoiam um projeto, mas também solicitam o plano de negócio da empresa considerando o impacto do projeto. Nesse caso, o cronograma do projeto precisa estar alinhado com o plano de negócio da empresa, que, por sua vez, precisa integrar as atividades e entradas e saídas de caixa do projeto.

Há processos que são muito persuasivos, que tentam vender uma ideia, mas o avaliador rapidamente nota que a argumentação é falha e, em alguns casos, ingênua ou mal-intencionada. Há processos que chegam em partes, que não se conectam adequadamente. Em geral, são resultados de processos não planejados e conduzidos por muitas pessoas da empresa que, na última hora, resolveu submeter um projeto. Cada colaborador reúne documentos e alguém se responsabiliza por juntar tudo. Há, ainda, processos que não têm mérito ou persuasão. Estes vão diretamente para a lata de lixo. E, por fim, há processos que são míopes; são processos que até têm mérito e atendem à expectativa da fonte do recurso, mas, infelizmente, o responsável pela elaboração do documento não consegue ser persuasivo e convencer o avaliador. Causas comuns para isso ocorrer são o uso de linguagens muito técnicas ou acadêmicas, quando o avaliador é um investidor que exige uma linguagem mais objetiva e executiva; ou o contrário, uma linguagem mais executiva quando o avaliador é um acadêmico.

Para avaliar se o seu processo tem mérito e é persuasivo, é importante que o empreendedor peça para que outras pessoas do mesmo perfil do futuro avaliador avalie o processo antes do encaminhamento final à fonte do recurso. Isso permitirá que o empreendedor faça ajustes nos documentos de modo a caracterizar melhor o mérito e comunicar de forma mais persuasiva a sua mensagem.

CONSIDERAÇÕES FINAIS

Neste capítulo, você teve uma visão geral das fontes de financiamento, capitalização e fomento para empresas no Brasil e considerou as preocupações iniciais que o empreendedor precisa ter antes de iniciar o processo de planejamento da captação do recurso; entrou em contato com as principais linhas de empréstimos e financiamentos oferecidas pelos bancos e pela Finep no Brasil. É importante que, ao final desta seção, você saiba exemplificar as principais entidades bancárias e suas linhas; conheceu um pouco mais sobre o mercado de capital de risco, seus principais tipos de investidores e as peculiaridades de cada tipo de investidor. Refletiu, também, sobre as proposições do livro-texto e sobre como aumentar as chances de se conseguir esse tipo de capital para a sua empresa.

Apesar de o mercado de capital de risco ter avançado nos últimos anos, sua representação ainda é mínima entre as fontes de capital para empreendedores. Assim, as empresas que obtêm esses recursos são exceção e não a regra das boas empresas com potencial de geração de valor e crescimento; entrou em contato com as principais organizações brasileiras que fomentam a inovação nas empresas. Na leitura do trecho recomendado (p. 130-133 e p. 195-197) do livro *Plano de negócio: teoria geral* (NAKAGAWA, 2011), é possível conhecer algumas dicas que podem ser úteis no processo de captação desses recursos e, neste material, refletiu sobre as diferentes definições de inovação e os esforços típicos da inovação tecnológica.

Por fim, espero que você tenha ampliado o seu conhecimento a respeito das fontes de recursos para empreendedores e como aumentar as chances de obtê-las. Uma boa nota nesta disciplina não fará de você um especialista no assunto.

Após os estudos contidos neste livro unida à prática em analisar as alternativas, submeter os pedidos e aprender com os acertos e erros é o que esperamos que o torne ainda melhor nos conhecimentos contábeis e empreendedores. Além disso, converse com pessoas que já captaram ou não o tipo de recurso desejado. Cada pessoa envolvida com a captação de recursos tem boas dicas para passar.

Em geral, a captação do recurso tende a ser a mais difícil. Assim que o recurso for captado e o empreendedor perceber que houve uma lógica no processo de captação, saberá se preparar melhor para as demais alternativas disponíveis no mercado brasileiro atualmente.

Mais importante do que a captação do recurso em si é o processo de aprendizagem, pois permitirá que a empresa tenha acesso a mais recursos e, com isso, consiga alavancar o desenvolvimento da empresa além daquilo que a sua geração de caixa permitiria.

Bons negócios!

ABDI - AGÊNCIA BRASILEIRA DE DESENVOLVIMENTO INDUSTRIAL. **A indústria de *Private Equity* e *venture capital*: 2º censo brasileiro**. Brasília: ABDI, 2009.

______. **Introdução ao *Private Equity* e *venture capital* para empreendedores**. Brasília: ABDI, 2011.

ALMEIDA, M. C. **Curso de contabilidade introdutória em IFRS e CPC.** São Paulo: Atlas, 2014.

ANTUNES, M. T. P. *et al.* A adoção no Brasil das normas internacionais de contabilidade IFRS: o processo e seus impactos na qualidade da informação contábil. **Revista de Economia e Relações Internacionais**, v. 10, n. 20, p. 5-19, 2012.

B2W COMPANHIA DIGITAL. **Demonstrações financeiras padronizadas**. Disponível em: <https://goo.gl/m7NDxX>. Acesso em: 29 jul. 2018.

BANCO CENTRAL DO BRASIL. **Glossário**. Disponível em: <www.bcb.gov.br/?glossario>. Acesso em: 9 ago. 2018.

______. **FAQ - Empréstimos e financiamentos**. Disponível em: <www.bcb.gov.br/?EMPRESTIMOEFINANCIAMENTOFAQ>. Acesso em: 26 jul. 2018.

BORINELLI, M. L.; PIMENTEL, R. C. **Curso de contabilidade para gestores, analistas e outros profissionais.** São Paulo: Atlas, 2010.

BORGES, A. Na área de inovação, sobram recursos e faltam projetos. **Valor Econômico**, p. 24, 26 jun. 2008. Disponível em: <https://bv.fapesp.br/namidia/noticia/24199/area-inovacao-sobram-recursos-faltam/>. Acesso em: 29 out. 2018.

CAPITAL ABERTO. **Private Equity**: coletânea de casos. São Paulo: Capital Aberto, 2009.

DANTAS, J. C. A. **A importância do controle de estoque**: estudo realizado em um supermercado na cidade de Caicó. Trabalho de Conclusão de Curso. Universidade Federal do Rio Grande do Norte, 2015.

DAY, G. S.; SCHOEMAKER, P. J. H.; GUNTHER, R. E. (Eds.) **Wharton on Managing Emerging Technologies**. New York: John Wiley & Sons, 2000.

FINEP - FINANCIADORA DE ESTUDOS E PROJETOS. **Glossário**. Disponível em: <www. finep.gov.br/o_que_e_a_finep/conceitos_ct.asp>. Acesso em: 26 mar. 2013.

______. Seleção Pública MCTI/FINEP/FNDCT - Subvenção Econômica à Inovação - TI Maior. abr. 2013. Disponível em: <http://download.finep.gov.br/ chamadas/subvencao/editais/04-EDITADOTIMAIOR.pdf>. Acesso em: 18 jul. 2018.

FORTUNA, E. **Mercado financeiro**. Rio de Janeiro: Campus, 2012.

FREIRE, Paulo. **A importância do ato de ler em três artigos que se completam**. São Paulo: Cortez, 2017.

FREITAS, M. B. **Informações contábeis e financeiras em microempresas:** a visão de gestores da indústria de confecção em Sant'Ana do Livramento. Trabalho de conclusão de curso em Administração pela Universidade Federal dos Pampas (Unipampa). Santana do Livramento: Unipampa, 2017.

IUDÍCIBUS, S.; MARTINS, E. Uma investigação e uma proposição sobre o conceito e o uso do valor justo. **Revista Contabilidade & Finanças-USP**, v. 18, 2007.

IUDÍCIBUS, S.; MARTINS, E.; CARVALHO, L. N. Contabilidade: aspectos relevantes da epopeia de sua evolução. **Revista Contabilidade & Finanças**, v. 16, n. 38, p. 7-19, 2005.

MAGAZINE LUIZA. Central de resultados. Disponível em: <https://goo.gl/uegUGK>. Acesso em: 29 jul. 2018.

MARION, J. C. **Análise das Demonstrações Contábeis**: Contabilidade Empresarial. 4. ed. São Paulo: Atlas, 2009.

MARQUES, J. H. V. L. *et al.* **Fluxo de caixa**: ferramenta na administração financeira, 2015.

MARTINS, E.; GELBKE, E. R.; SANTOS, A.; IUDICIBUS, S. **Manual de contabilidade societária**. 2. ed. São Paulo: Atlas, 2013.

MBC - MOVIMENTO BRASIL COMPETITIVO. **Manual de inovação**. Brasília: MBC, 2009. Disponível em: <www.inovacao.usp.br/images/pdf/Manual%20de%20Inovacao%20-%20MBC%20-%202008.pdf>. Acesso em: 6 ago. 2018.

NAKAGAWA, M. N. **Plano de negócio**: teoria geral. Barueri: Manole, 2011.

NATURA COSMÉTICA. **Demonstrações financeiras**. Disponível em: <https://goo.gl/EMkzXZ>. Acesso em: 29 jul. 2018.

PRADO, E. V. *et al.* Teoria do lucro: estudo sobre as diferentes perspectivas de mensuração de lucro como apoio à tomada de decisão. **Universitas**, n. 22, 2018.

FGV - GVCepe. Panorama da indústria brasileira de *private equity* e *venture capital*. **Relatório de pesquisa** - dezembro de 2008. São Paulo: EAESP/FGV, 2008.

ROWER, G. R. *et al.* Aplicação do Pronunciamento Técnico PME nas Pequenas e Médias Empresas. **VIII Egepe - VIII Encontro de Estudos em Empreendedorismo e Gestão de Pequenas Empresas**, v. 13, n. 8, 2014.

SANTOS FUTEBOL CLUBE. **Relatório das demonstrações financeiras**. Disponível em: <https://goo.gl/ncUjZf>. Acesso em: 29 jul. 2018.

SEBRAE. **Capital empreendedor**. Brasília: SEBRAE, 2005.

SHANE, S. **Fool's gold?**: the truth behind angel investing in America. London: Oxford University Press US, 2008.

SILVA CORRÊA, C.; SCHIO, E.; SANTOS, L. A. O desempenho organizacional por meio da contabilidade gerencial quanto à utilização de ferramentas de gestão. ***Disciplinarum Scientia*| Sociais Aplicadas**, v. 13, n. 1, p. 43-63, 2017.

SOCIEDADE DE NEGÓCIOS. **Glossário**. Disponível em: <www.sociedadedenegocios.com. br>. Acesso em: 20 jul. 2018.

SOUSA, A. F.; BORTOLI NETO, A. (Orgs.); FRAGA, D. R.; MELLO, A. P. (Coord.). **Manual prático de gestão para pequenas e médias empresas**. Barueri: Manole, 2018.

VIEIRA, E. T. V.; BATISTOTI, J. V. C. A demonstração do fluxo de caixa como instrumento de gerenciamento e controle financeiro para as micro e pequenas empresas. **Revista de Micro e Pequenas Empresas e Empreendedorismo da Fatec**, v. 1, n. 2, p. 186-205, 2015.